三角形趣谈

杨世明 著

 哈尔滨工业大学出版社
HARBIN INSTITUTE OF TECHNOLOGY PRESS

内 容 简 介

本书为三角形趣谈,全书共分10章,每章后配有练习题,书后附有习题参考答案。本书适合初、高中学生,初、高中数学竞赛选手及教练员使用,也可作为高等师范院校、教师进修学院数学专业开设的"竞赛数学"课教材及国家级、省级骨干教师培训班参考使用。

图书在版编目(CIP)数据

三角形趣谈/杨世明著.—哈尔滨:哈尔滨工业大学出版社,2012.8
ISBN 978-7-5603-3722-7

Ⅰ.①三… Ⅱ.①杨… Ⅲ.①三角课－中学－教学参考资料 Ⅳ.①G634.643

中国版本图书馆 CIP 数据核字(2012)第 167610 号

策划编辑	刘培杰　张永芹
责任编辑	刘家琳
封面设计	孙茵艾
出版发行	哈尔滨工业大学出版社
社　　址	哈尔滨市南岗区复华四道街10号　邮编150006
传　　真	0451－86414749
网　　址	http://hitpress.hit.edu.cn
印　　刷	哈尔滨市石桥印务有限公司
开　　本	787mm×960mm　1/16　印张 11.75　字数 210 千字
版　　次	2012 年 8 月第 1 版　2012 年 8 月第 1 次印刷
书　　号	ISBN 978－7－5603－3722－7
定　　价	28.00 元

(如因印装质量问题影响阅读,我社负责调换)

前　言

有人说,三角形是几何的心脏.这话也许不无道理.这是因为,如果没有了三角形的研究,整个平面几何、立体几何、……将会是什么样子呢？

横观现状：哪一次数学竞赛,哪一次数学考试命题,不与三角形有关？纵看几何学发展史,我们会发现,三角形是人类开发最早、研究最深入的图形,是人们研究几何图形、解答数学问题的工具,从中国的《周髀算经》《九章算术》,西方的欧几里得(Euclid)《原本》,到当今的巨著妙文,人们对小小的三角形,已经研究了三千多年.商高定理、内角和定理、海伦—秦九韶公式、五心定理、等周定理、梅涅劳斯定理、塞瓦定理、维维安尼定理、费马点、欧拉线、九点圆、西姆松线,到雷米欧斯—斯坦纳定理、莫雷定理、匹多不等式,像一颗颗璀璨的明珠,破土而出.这个过程,到21世纪的今天,也还没有终止.

由三条线段首尾相接所构成的这个最简单、最基本的图形,一眼就能"看透",竟然会有这么多的奥妙！"局外人"真是难以置信.然而,这是事实,千真万确的事实,这是几何学历史的辩证法！

为了弄清这个事实,为了从三角形研究的琳琅满目的美妙结果中得到启示,我们博采古今珍品,编成这个小册子.为求真谛,追根溯源,精点创始,细述过程.为汲取思维经验,我们着重述说公式、定理发现,以及论证的思路和规律,深入探讨古今研究三角形的手段和策略.在材料的选择上,薄古厚今,着重于当代和中国.翻开这本小册子,读者就会自豪地看到,20世纪80年代短短的几年时间,我国在三角形不等式、三角形组合计数等现代课题,以及许多古典题材的研究方面,取得了多么丰富的、令人赏心悦目的成果,从而使我们在三角形研究领域冲到了前沿.尤其值得一提的是许多重大成果出自中学教师、大中学生甚至是初中学生之手,后生可畏呀!对此,我们一视同仁,都一一列举发现者、发展者的大名.然而,资料太多,发展太快,挂一漏万,在所难免.错漏之外,还望读者指出,以便改正和补充.

作 者

目　录

第1章　整边三角形与三角数组 ……………………………………………… (1)
　　第1节　整边三角形的性质 ……………………………………………… (1)
　　第2节　整边勾股形与勾股数组 ………………………………………… (2)
　　第3节　海伦三角形与海伦数组 ………………………………………… (6)
　　第4节　另外两种特殊的整边三角形 …………………………………… (9)
　　练习1 ……………………………………………………………………… (11)

第2章　三角形计数问题 ………………………………………………………… (13)
　　第1节　整边三角形的计数 ……………………………………………… (13)
　　第2节　三角形网络中的计数公式 ……………………………………… (17)
　　第3节　三角形计数名题 ………………………………………………… (21)
　　练习2 ……………………………………………………………………… (24)

第3章　三角形组合问题 ………………………………………………………… (26)
　　第1节　剖分及其应用 …………………………………………………… (26)
　　第2节　覆盖与填充 ……………………………………………………… (29)
　　第3节　着色问题及其他 ………………………………………………… (33)
　　第4节　三角形序列 ……………………………………………………… (37)
　　练习3 ……………………………………………………………………… (40)

第4章　三角形边角的一般关系 ………………………………………………… (42)
　　第1节　基本关系 ………………………………………………………… (42)
　　第2节　角间关系式 ……………………………………………………… (45)

  第 3 节 边间关系式 ··· (51)
  第 4 节 边角之间的关系 ·· (54)
  第 5 节 综合的成功 ·· (56)
  练习 4 ··· (59)

第 5 章 著名三角形不等式 ··· (64)
  第 1 节 厄尔多斯－莫德尔不等式 ······························ (64)
  第 2 节 外森比克不等式 ·· (67)
  第 3 节 匹多不等式 ·· (68)
  第 4 节 一个"母不等式"的发现 ································ (71)
  第 5 节 控制不等式 ·· (76)
  练习 5 ··· (80)

第 6 章 三角形关系式的应用 ··· (83)
  第 1 节 面积关系及其应用 ······································· (83)
  第 2 节 三角形其他元素间的关系 ······························ (88)
  第 3 节 三角形定型问题 ·· (93)
  练习 6 ··· (99)

第 7 章 三角形和圆 ·· (104)
  第 1 节 三角形的五心 ··· (104)
  第 2 节 九点圆 ··· (107)
  第 3 节 垂心组 ··· (109)
  第 4 节 费马点 ··· (113)
  第 5 节 三角形共点圆举例 ······································· (115)
  练习 7 ··· (118)

第 8 章 三角形的共线点与共点线 ··· (119)
  第 1 节 塞瓦定理 ·· (119)
  第 2 节 梅涅劳斯定理 ··· (122)
  第 3 节 类似重心 ·· (124)
  第 4 节 迪沙格定理 ·· (127)
  练习 8 ··· (128)

第 9 章 西姆松线 ·· (130)
  第 1 节 西姆松定理 ·· (130)
  第 2 节 垂足三角形 ·· (132)

第 3 节　西姆松定理的推广（一） ……………………（135）
　　第 4 节　西姆松定理的推广（二） ……………………（138）
　　练习 9 ………………………………………………………（143）
第 10 章　几种特殊三角形 …………………………………（145）
　　第 1 节　直角三角形 ………………………………………（145）
　　第 2 节　等腰三角形及其推广 ……………………………（150）
　　第 3 节　黄金三角形 ………………………………………（153）
　　第 4 节　三边成特殊数列的三角形 ………………………（155）
　　练习 10 ……………………………………………………（157）
练习题解答概要 ………………………………………………（160）
编辑手记 ………………………………………………………（167）

第1章 整边三角形与三角数组

第1节 整边三角形的性质

三边长都是整数的三角形,称为整边三角形.由于在定义中没有限制长度单位,所以,如边长都是有理数,通过改变长度单位,就可以化为整边三角形.

整边三角形有着丰富而有趣的性质.由于它把三角形和整数挂上钩,提出了一系列令人深思的问题,而这些问题的解决又动用了数论、图论以及组合数学等有关知识,它的优美结果极大地丰富了这些数学分支.因此,整边三角形成了近年来数学竞赛、趣味数学的重要题材,受到了人们的青睐.

一般,整边三角形的角有什么特点呢? 由余弦定理

$$\cos A = \frac{b^2 + c^2 - a^2}{2bc}$$

$$\cos B = \frac{c^2 + a^2 - b^2}{2ca}$$

$$\cos C = \frac{a^2 + b^2 - c^2}{2ab}$$

可知,当 a,b,c 均为整数(有理数)时,$\cos A, \cos B, \cos C$ 都是有理数.

定理1 整边三角形三个内角的余弦都是有理数.

这性质得来容易,却很有用处.

【例1】 在整边三角形 ABC 中,求证:

(1) 三个内角的正弦、外接圆半径 R、内切圆半径 r 或为有理数,或为二次无理数[①];

(2) $\sin \dfrac{A}{2} \sin \dfrac{B}{2} \sin \dfrac{C}{2}$ 为有理数;

(3) 对任何自然数 n,$\cos 2^n A$ 为有理数.

---

① 如果 m 是正有理数,而 $\sqrt{m}$ 不是有理数,就把 $\sqrt{m}$ 叫做二次无理数.

事实上,由 a,b,c 为整数,即可知 $p=\frac{1}{2}(a+b+c)$, $p_a=\frac{1}{2}(-a+b+c)=p-a$, $p_b=\frac{1}{2}(a-b+c)=p-b$, $p_c=\frac{1}{2}(a+b-c)=p-c$ 为有理数.因此,面积

$$\Delta=\sqrt{pp_ap_bp_c}$$

为有理数或二次无理数,再考虑公式 $R=\frac{abc}{4\Delta}$, $r=\frac{\Delta}{p}$, $\sin A=\frac{2\Delta}{bc}$, $\cdots$,就知结论(1)成立.应用定理 1 和恒等式

$$\cos A+\cos B+\cos C=1+4\sin\frac{A}{2}\sin\frac{B}{2}\sin\frac{C}{2}$$

$$\cos 2^n A=2\cos^2 2^{n-1}A-1$$

很容易推知(2),(3)也对.

定理 1 的逆否命题告诉我们:如果一个三角形中,有的内角的余弦值不是有理数,那么它一定不是整边三角形.因此,要研究含有特殊角的整边三角形,由于特殊角 $15°,30°,45°,60°,75°,90°,105°,120°,135°,150°$ 中,只有 $60°,90°$ 和 $120°$ 的余弦值是有理数,所以只能选这三种.

第 2 节　整边勾股形与勾股数组

边长为整数的直角三角形,称为整边勾股形.整边勾股形三边 a,b,c 就构成勾股数组 (a,b,c),其中 a,b,c 依次称为勾数、股数和弦数.

人类对于勾股数组的研究,有着悠久的历史.早在西汉时的成书我国古算经《周髀算经》中,有周公问术于商高(约公元前 1120 年)的记录,商高回答说:"……故折矩以为勾广三,股修四,经隅五".就是说,商高发现了数学史上最早的一组勾股数 $(3,4,5)$.因此,勾股数组也叫做商高数.在国外,习惯上叫做毕达哥拉斯三数组,尽管洋人也知道这组勾股数在毕达哥拉斯其人之前一、两千年已被人发现了.

若 (a,b,c) 为勾股数组,那么它就是不定方程

$$x^2+y^2=z^2 \quad (\text{其中 } x,y,z \text{ 为整数}) \tag{1}$$

的一个解.法国数学家费马(P. S. de Fermat,1601—1665)对数论有非凡的直觉能力,他在和当时著名数学家们的通信中,曾提出过许多猜想,后来大多得到证实.比如,他猜想:一个形如 $4n+1$ 的素数,作为整边勾股形的斜边,仅有一

次,其平方有两次,其立方有三次,等. 比如 $5 = 4 \times 1 + 1$,那么 $5^2 = 3^2 + 4^2$,$25^2 = 15^2 + 20^2 = 7^2 + 24^2$,$125^2 = 75^2 + 100^2 = 35^2 + 120^2 = 44^2 + 117^2$.

有一次,费马阅读丢番图(Diophantus,约 246—330)关于不定方程的著作,当他读到"分一个给定的平方数为两个平方数"这个问题时,通过联想和直觉,在页边上写道:"分一个立方数为两个立方数,分一个四次幂(或一般的,任何次幂)为两个同次幂,这是不可能的;我确实找到了一个极妙的证明,但页边太窄,写不下了."这个著名的猜想,人们称之为费马最后"定理",或费马大定理.用符号写出来,就是:不存在正整数 x,y,z,n(这里 $n > 2$),使得
$$x^n + y^n = z^n$$
从那时起,直到现在,这 300 多年间,大批优秀的数学家各施技艺,对小于 30 000 和许多别的 n 值,证明了费马的这个猜想.1908 年,德国数学家佛尔夫斯克通过哥廷根科学院以 10 万马克的重奖,悬赏第一个完全的证明,但至今未有结果.(注:1995 年已由英国数学家怀尔斯证明)

不难证明,以不定方程(1)的任一组正整数解 (a,b,c) 为长度的三条线段,均可构成勾股形.因此,以后就称不定方程(1)的正整数解为勾股数组.当 a,b,c 的最大公约数为 1(即互素,记作 $(a,b,c) = 1$)时,就称为基本组.

对勾股数基本组 (a,b,c),已发现了如下一些有趣的性质:

(1) 若 $(a,b) = 1$,则 $(a,c) = (b,c) = (a,b,c) = 1$;反之,若 $(a,b,c) = 1$,则 $(a,b) = 1$.

就是说,勾数与股数互素的勾股数组,必为基本组;反之,基本组的勾数股数必互素.

设 a,b 互素,则 a,b 不会同偶. 先看 a,b 同奇的情形. 这时,c 必为偶数,设 $a = 2m+1, b = 2n+1, c = 2l$(因 a,b,c 均不可能为 1,这里 m,n,l 均为自然数),那么由不定方程(1):$a^2 + b^2 = c^2$,即
$$(2m+1)^2 + (2n+1)^2 = 4(m^2 + n^2 + m + n) + 2 = (2l)^2$$
$$2(m^2 + n^2 + m + n) + 1 = 2l^2$$
左边为奇数,右边为偶数,不论 m,n,l 取怎样的整数,等式不可能成立. 就是说,勾股数组的勾数和股数不能同为奇数. 特别地,我们有

(2) 在勾股数基本组中,勾数和股数必为一奇一偶,弦数为奇数.

(3) 若 (x,y,z) 为勾股数组,$(x,y) = d$,则 $d \mid z$(这里,(x,y) 表示 x,y 的最大公约数,$d \mid z$ 表示 d 能整除 z),且 $\left(\dfrac{x}{d}, \dfrac{y}{d}, \dfrac{z}{d}\right)$ 为基本组.

(4) 成等差数列的基本组只有一组:$(3,4,5)$,或记成 $(4,3,5)$.

(5) 任何基本组都可由下式表出
$$a = m^2 - n^2, b = 2mn, c = m^2 + n^2 \qquad (2)$$
$(m > n, m, n$ 为自然数,一奇一偶且 $(m,n) = 1)$.

上述公式的证明,在通常的数论书中所用的方法是很麻烦的. 1983 年,武汉市第 41 中学的刘天章提出了一种巧妙的推导方法,介绍如下:

设 (a,b,c) 为基本组,则
$$a^2 + b^2 = c^2 \quad (这里 (a,b) = 1)$$
两边除以 c^2,得
$$\left(\frac{a}{c}\right)^2 + \left(\frac{b}{c}\right)^2 = 1$$
因此,可设
$$\frac{a}{c} = \cos \alpha, \frac{b}{c} = \sin \alpha$$
由于 $\frac{a}{c} > 0, \frac{b}{c} > 0$,可取 $0 < \alpha < 90°$,那么 $\tan \frac{\alpha}{2} = \frac{\sin \alpha}{1 + \cos \alpha}$ 为小于 1 的正有理数,可设 $\tan \frac{\alpha}{2} = \frac{n}{m} (m > n, m, n$ 为互素的自然数). 应用万能公式
$$\cos \alpha = \frac{1 - \tan^2 \frac{\alpha}{2}}{1 + \tan^2 \frac{\alpha}{2}}, \sin \alpha = \frac{2 \tan \frac{\alpha}{2}}{1 + \tan^2 \frac{\alpha}{2}}$$
得到
$$\frac{a}{c} = \frac{1 - \left(\frac{n}{m}\right)^2}{1 + \left(\frac{n}{m}\right)^2} = \frac{m^2 - n^2}{m^2 + n^2}$$

$$\frac{b}{c} = \frac{2 \frac{n}{m}}{1 + \left(\frac{n}{m}\right)^2} = \frac{2mn}{m^2 + n^2}$$

设
$$\frac{a}{m^2 - n^2} = \frac{b}{2mn} = \frac{c}{m^2 + n^2} = k \quad (这里 k 为自然数)$$
那么
$$a = k(m^2 - n^2), b = 2kmn, c = k(m^2 + n^2)$$
当互素数 m, n 为一奇一偶时,取 $k = 1$,则 $(m^2 - n^2, 2mn, m^2 + n^2) = 1$,这就证得

了式(2).

观察由式(2)得到的一些基本组
$$(3,4,5),(5,12,13),(7,24,25)$$
$$(21,20,29),(45,28,53)$$

我们能得到什么结论呢?可以看出,每组数中,都有3,4和5的倍数.这是偶然的吗?我们来考查abc

$$\begin{aligned}abc &= 2mn(m^2-n^2)(m^2+n^2)\\ &= 2mn[(m^4-1)-(n^4-1)]\\ &= 2m(n-2)(n-1)n(n+1)(n+2)+\\ &\quad 2n(m-2)(m-1)m(m+1)(m+2)-\\ &\quad 10m(n-1)n(n+1)-10n(m-1)m(m+1)\end{aligned}$$

由于连续3个自然数的乘积可被$3! = 3\times 2\times 1 = 6$整除,连续5个自然数的乘积能被$5! = 120$整除,上式右边每一项都能被$60 = 3\times 4\times 5$整除,$60 \mid abc$;但$a,b,c$两两互素,因此有

(6) 勾股数基本组(a,b,c)中,必有一个是3的倍数,一个是4的倍数,一个是5的倍数.

将ab类似变形,容易证明$12 \mid ab$,即a,b中必有3的倍数,必有4的倍数.

我们来看看一般勾股数组怎么表示.设(x,y,z)为勾股数组,则对任何自然数m,由于从$x^2+y^2=z^2$可推出$(mx)^2+(my)^2=(mz)^2$,知(mx,my,mz)也是勾股数组.反之,设$(x,y)=d$,按最大公约数定义,$x=da,y=db$,这里$(a,b)=1$.这时
$$z^2 = (da)^2+(db)^2 = d^2(a^2+b^2)$$
故$d \mid z$.设$z=dc$,则$a^2+b^2=c^2$且$(a,b,c)=1$,(a,b,c)为基本组,可以按公式(2)表出.从而得到

定理2 勾股数的一般表达式是
$$x=k(m^2-n^2), y=2kmn, z=k(m^2+n^2) \tag{3}$$
(上式中k,m,n为自然数,$m>n,(m,n)=1$且一奇一偶.)

如不遵守括号中最后两个条件,则对不同的m,n,得到的数组不尽相异.

【例2】 设$z=x+yi$的实部$R(z)=x$、虚部$I(z)=y$都是非零整数,且$x\neq y$,求证:$(|R(z^2)|,|I(z^2)|,|z|^2)$是一组勾股数.

事实上,$z^2=(x^2-y^2)+2xyi$,那么$R(z^2)=x^2-y^2,I(z^2)=2xy,|z|^2=x^2+y^2$,故定理中的结论成立.

【例3】 若在勾股数组(a,b,c)中,$a\leqslant b$,a为奇数,b,c为连续自然数,则

$a^2=b+c$;反之,若把奇数 a 的平方分解为连续自然数 b,c(这里 $b<c$)的和,则 (a,b,c) 为勾股数组.

其实,由 $c=b+1, a^2=c^2-b^2$ 和 $a^2=b+c$ 是很容易互相推导的.有意思的倒是这个例题告诉我们:任何大于1的奇数都可作为勾股数组的最小数.例如,由
$$3^2=4+5, 5^2=12+13, 7^2=24+25, 13^2=84+85$$
分别得勾股数组 $(3,4,5),(5,12,13),(7,24,25),(13,84,85)$. 一般的,由奇数 $2n+1$ 可得勾股数组 $(2n+1, 2(n^2+n), 2(n^2+n)+1)$.

第3节 海伦三角形与海伦数组

面积为整数的整边三角形,称为海伦三角形.它的三边长构成海伦数组.例如,一切整边勾股形都是海伦三角形,因为它的面积总是整数.但是,并非一切整边三角形都是海伦三角形.例如,单位正三角形(边长为1的正三角形)就不是海伦三角形.

请读者考虑一下,$(13,14,15)$ 是不是海伦数组?

怎样判别和构造海伦数组和海伦三角形呢?我们先看看它具有什么特点.

设 $\triangle ABC$ 为海伦三角形,则 a,b,c 和 Δ 都是整数.由于 $\sin A=\dfrac{2\Delta}{bc}, R=\dfrac{a}{2\sin A}, r=\dfrac{2\Delta}{a+b+c}, h_a=\dfrac{2\Delta}{a}$(在本书中,$h_a$ 表示 a 边上的高),立即看出

定理3 海伦三角形各角的正余弦、正余切(如存在)、高、内切圆与外接圆半径长,都是有理数.

推论 海伦三角形的一条高把它分为两个有理数边的勾股形.

当然,有的海伦三角形可以被一条高分为两个整边勾股形,但并非所有的都可以.比如边长为 $(5,29,30)$ 的海伦三角形就不行.因为 $h_a=\dfrac{144}{5}, h_b=\dfrac{144}{29}$, $h_c=\dfrac{24}{5}$.然而,定理3的推论告诉我们,适当改变长度单位,就可以将任何海伦三角形通过高分出的两个勾股形化为整边勾股形.反之,如果一个整边三角形能被某条高分为两个整边勾股形,由于这两个整边勾股形面积都是整数,其代数和也是整数,我们有

定理4 如果整边三角形某条高的长为整数,则它是海伦三角形.

定理4启示我们一种构造海伦三角形的方法:如果有两个整边勾股形,它

们有一条直角边相等,那么沿这条直角边拼接起来(图 1.1),就得到两个海伦三角形,比如,边分别为(5,12,13)和(9,12,15)的两个勾股形,通过拼接,得到边分别为(13,9±5,15)的两个海伦三角形.离开三角形,就显示为数组间的变换.

在一般情形下,可以用"相似变换",使两个勾股形有一条直角边相等,拼接后再变换一次,把非整边化整,图 1.2 反映了这个过程.

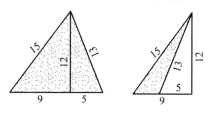

图 1.1

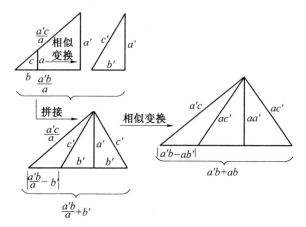

图 1.2

设有勾股数组(a,b,c)和(a',b',c'),变换步骤大体如下:

(1) 以 $\dfrac{a'}{a}$ 乘 (a,b,c) 各数,得 $\left(a', \dfrac{a'b}{a}, \dfrac{a'c}{a}\right)$;

(2) 将 $\left(a', \dfrac{a'b}{a}, \dfrac{a'c}{a}\right)$ 与 (a',b',c') "沿 a' 拼接",得两个数组

$$\left(\dfrac{a'c}{a}, c', \left|\dfrac{a'b}{a} \pm b'\right|\right)$$

(3) 以 a 乘 $\left(\dfrac{a'c}{a}, c', \left|\dfrac{a'b}{a} \pm b'\right|\right)$ 各数,得两个海伦数组

$$(a'c, ac', |a'b \pm ab'|) \qquad\qquad (4)$$

同样,分别以 $\dfrac{b'}{a}$,$\dfrac{a'}{b}$,$\dfrac{b'}{b}$ 乘 (a,b,c) 各数,按上述程序,一般的,还可得到六个海伦数组

$$(a'c,bc',|a'a\pm bb'|)$$
$$(b'c,ac',|b'b\pm aa'|) \quad (5)$$
$$(b'c,bc',|b'a\pm ba'|)$$

这样,由两个不同的勾股数组 (a,b,c) 和 (a',b',c') 出发,一般可得最多 8 个海伦数组式(4)和(5).

【例 4】 试由 $(3,4,5)$ 和 $(15,8,17)$ 构造海伦数组.

按式(4)和(5)计算,共得 8 组

$$(75,51,84),(75,51,36)$$
$$(75,68,77),(75,68,13)$$
$$(40,51,77),(40,51,13)$$
$$(40,68,84),(40,68,36)$$

由首二和末二导出的基本组是

$$(25,17,28),(25,17,12),(10,17,21),(10,17,9)$$

1986 年,上海市杨浦区教育学院的余应龙,研究了连续自然数构成的海伦数组,并得到了美妙的结果. 现介绍如下.

【例 5】 试研究连续自然数构成的海伦数组 (a,b,c). 首先,用秦九韶(1202—1261)公式

$$\Delta=\sqrt{\dfrac{1}{4}\left[a^2b^2-\left(\dfrac{a^2+b^2-c^2}{2}\right)^2\right]}$$

得到 $(a^2+b^2-c^2)^2=(2ac)^2-(4\Delta)^2=4(a^2c^2-4\Delta^2)$. 因此 $a^2+b^2-c^2$ 为偶数. 又,a,b,c 为连续自然数,故 a,c 为奇数,b 为偶数. 设

$$a=2x-1, b=2x, c=2x+1 \quad (其中 x 为自然数)$$

则由海伦公式得 $\Delta=x\sqrt{3(x^2-1)}$. 可见:当且仅当 $3(x^2-1)$ 为平方数时,Δ 为整数. 命 $x^2-1=3y^2$,即得佩尔(Pell,1610—1685)不定方程 $x^2-3y^2=1$,它的递推解是

$$\begin{cases}x_1=2\\y_1=1\end{cases},\begin{cases}x_{n+1}=2x_n+3y_n\\y_{n+1}=x_n+2y_n\end{cases}\quad(n=1,2,3,\cdots)$$

由此得的前六个海伦数组是:

n	x_n	y_n	a	b	c	Δ
1	2	1	3	4	5	6
2	7	4	13	14	15	84
3	26	15	51	52	53	1 170
4	97	56	193	194	195	16 296
5	362	209	723	724	725	226 974
6	1 351	780	2 701	2 702	2 703	3 161 340

还可求得 x_n 的通项公式

$$x_n = \frac{1}{2}[(2+\sqrt{3})^n + (2-\sqrt{3})^n] \quad (n=1,2,3,\cdots)$$

但是,还未求得一般海伦数组的公式.

第4节　另外两种特殊的整边三角形

前面说过,在通常的特殊角中,只有 $60°,90°,120°$ 的余弦是有理数.有一个角为 $90°$ 的整边三角形(整边勾股形),我们已讨论过了.现在来看有一个角为 $60°$ 或 $120°$ 的整边三角形.

设整边 $\triangle ABC$ 的 $\angle C = 60°$,那么由余弦定理,得

$$a(a-b) = (c+b)(c-b)$$

先假定 $a \neq b$,并记

$$\frac{a}{c+b} = \frac{c-b}{a-b} = \frac{n}{m} \quad (m>n, m,n \text{ 为互素自然数})$$

则有

$$\begin{cases} ma - nb - nc = 0 \\ na + (m-n)b - mc = 0 \end{cases}$$

由上式可解出

$$\frac{a}{2mn-n^2} = \frac{b}{m^2-n^2} = \frac{c}{m^2-mn+n^2}$$

设三个分母的最大公约数为 t,那么共同的比值可设为 $\frac{k}{t}$(这里 k 为某一自然数),于是

$$\begin{cases} a = \dfrac{k}{t}(2mn - n^2) \\ b = \dfrac{k}{t}(m^2 - n^2) \\ c = \dfrac{k}{t}(m^2 - mn + n^2) \end{cases} \quad (6)$$

其中 m, n, k 为自然数,$(m,n) = 1, m > n, t = (2mn - n^2, m^2 - n^2, m^2 - mn + n^2)$.

如果 $a = b$,式(6)的前两式给出 $m = 2n$,从而

$$a = b = c = \frac{3k}{t}n^2$$

正与 $\triangle ABC$ 为等边三角形一致.

反过来,对由式(6)决定的 (a, b, c),应用比较法,可证它满足三角形构成条件,而且 c 边所对角为 $60°$.

【例6】 试证:对任何自然数 p, q,以

$$a = 2pq + p^2, \quad b = 2pq + q^2, \quad c = pq + p^2 + q^2 \quad (7)$$

为边构成的 $\triangle ABC$ 中,$\angle C = 60°$. 如果由 p, q 和 p_1, q_1 确定的三角形分别记作 $\triangle(p, q)$ 和 $\triangle(p_1, q_1)$,则当且仅当 $pq_1 = qp_1$,或 $pp_1 = qq_1$ 时,$\triangle(p, q) \backsim \triangle(p_1, q_1)$.

只要在式(6)中取 $k = t, m = p + q, n = p$,即得到式(7). 因此,只需证后面的结论.

如果 $pq_1 = qp_1$,设 $p : p_1 = q : q_1 = \lambda$,则 $p = \lambda p_1, q = \lambda q_1$. 由式(7)可得 $a = \lambda^2 a_1, b = \lambda^2 b_1, c = \lambda^2 c_1$,其中 $a_1 = 2p_1q_1 + p_1^2, b_1 = 2p_1q_1 + q_1^2, c_1 = p_1q_1 + p_1^2 + q_1^2$ 为 $\triangle(p_1, q_1)$ 三边;如果 $pp_1 = qq_1$,可设 $p = q_1\gamma, q = p_1\gamma$,则式(7)给出 $a = \gamma^2 b_1, b = \gamma^2 a_1, c = \gamma^2 c_1$,两种情况都有 $\triangle(p, q) \backsim \triangle(p_1, q_1)$.

反过来,如 $\triangle(p, q) \backsim \triangle(p_1, q_1)$,且对应角 $\angle C = \angle C' = 60°$,则有两种可能:$a$ 对应 a_1 且 b 对应 b_1,或 a 对应 b_1, b 对应 a_1.

对第一种情况,相似比 $a : a_1 = (a + b - c) : (a_1 + b_1 - c_1)$,即

$$\frac{2pq + p^2}{2p_1q_1 + p_1^2} = \frac{4pq + p^2 + q^2 - (pq + p^2 + q^2)}{4p_1q_1 + p_1^2 + q_1^2 - (p_1q_1 + p_1^2 + q_1^2)}$$

$$= \frac{pq}{p_1q_1}$$

解得 $pq_1 = qp_1$.

对第二种情况,相似比 $a : b_1 = (a + b - c) : (b_1 + a_1 - c_1)$,解得 $pp_1 = qq_1$.

若整边三角形有一个角为 $120°$,那么,用完全类似的方法,可以推得 (a,b,c) 的公式

$$\begin{cases} a = \dfrac{k}{t}(2mn + n^2) \\ b = \dfrac{k}{t}(m^2 - n^2) \\ c = \dfrac{k}{t}(m^2 + n^2 + mn) \end{cases} \tag{8}$$

其中,m,n,k 为自然数,$(m,n)=1$,$m>n$,$t=(2mn+n^2, m^2-n^2, m^2+mn+n^2)$.

并且,也有同例 6 类似的表达式和结论.

练习 1

1. 试证:对任一自然数 k,$\left((2k+1), \dfrac{(2k+1)^2-1}{2}, \dfrac{(2k+1)^2+1}{2}\right)$ 为勾股数组.

2. 试证:方程 $x^2+y^2+z^2=w^2$ 的满足 $x>0, y>0, z>0, (x,y,z)=1, 2\mid(x+y)$ 的整数解公式为

$$\begin{cases} x = a \\ y = b \\ z = \dfrac{1}{2}\left(\dfrac{a^2+b^2}{4} - k\right) \\ w = \dfrac{1}{2}\left(\dfrac{a^2+b^2}{4} + k\right) \end{cases}$$

其中 a,b 为自然数,$2\mid(a+b)$,k 为 a^2+b^2 的小于 $\sqrt{a^2+b^2}$ 的约数.

3. 设 $\triangle ABC$ 为整边勾股形,则 $6\mid\triangle$.

4. 如 (a,b,c) 为海伦数组,则对任何自然数 n,(na, nb, nc) 总是海伦数组吗?反过来呢?(a^2, b^2, c^2) 如何?

5. 观察图中的 $\triangle_1, \triangle_2, \triangle_3, \triangle_4$.

(1) 它们都是海伦三角形,试证明之.

(2) 设 $\triangle_n$ 的边为 $a_n, b_n, c_n (a_n \leqslant b_n < c_n)$,高为 h_n,则能否看出 a_n 同 n 的关系,a_n 同 b_n 的关系,c_n 同 b_n 的关系?

(3) 验证

$$\begin{cases} a_n = n^2 + (n+1)^2 \\ b_n = n(n^2 + 2n + 2) \\ c_n = (n+1)(n^2 + n + 1) \end{cases}$$

并且,证明:半周长 $p_n = (n+1)^3$,面积
$$\Delta_n = n(n+1)^2(n^2 + n + 1)$$

5题图

6. 设 p,q 为自然数,而
$$\begin{cases} a = 2pq + p^2 \\ b = 2pq + 3q^2 \\ c = 3pq + p^2 + 3q^2 \end{cases}$$

试证:(1) a,b,c 为边,可构成 $\triangle ABC$;

(2) $\angle C = 120°$;

(3) 若 $pq_1 = qp_1$,则 $\triangle(p,q) \backsim (p_1, q_1)$.

7. $\triangle ABC$ 三边长为连续整数,$\angle A = 2\angle C$,求三边长. 它是海伦数组吗?

第 2 章 三角形计数问题

同三角形有关的各种计数问题,随着一批著名难题研究的深入和解决,越来越引起人们的兴趣.这里,我们介绍近年取得的一批新成果,并介绍待解决的问题.

第 1 节 整边三角形的计数

用三根火柴棍,只可以摆出一种三角形.四根呢?摆不出来了.n 根呢?这就与整边三角形计数有关.计算在一定条件下整边三角形的个数,是一个困难而有趣的问题.我们从一个早在 1904 年就提出来的问题开始.

【例 1】 面积和周长数值相同的海伦三角形有多少个?

问题的提法,容易让人联想到海伦-秦九韶公式 $\Delta = \sqrt{pp_a p_b p_c}$. 由题设 $\Delta = 2p$,以及 $p = p_a + p_b + p_c$,就得到

$$4(p_a + p_b + p_c) = p_a p_b p_c \tag{1}$$

方程(1)即可写成

$$\frac{1}{p_a p_b} + \frac{1}{p_b p_c} + \frac{1}{p_c p_a} = \frac{1}{4} \tag{2}$$

$\frac{1}{4}$ 要表示为三个单位分数之和.我们还是先估计一下可能的范围.不妨设三角形三边 $a \geqslant b \geqslant c$,那么 $p_a \leqslant p_b \leqslant p_c$. 由方程(2),就得到 $\frac{3}{p_a^2} \geqslant \frac{1}{4}$. p_a 为正整数,因此 $1 \leqslant p_a \leqslant 3$. 我们分别讨论如下:

$p_a = 1$,方程(1)化为 $(p_b - 4)(p_c - 4) = 20$,有解 $(5,24),(6,16),(8,9)$;

$p_a = 2$,方程(1)化为 $(p_b - 2)(p_c - 2) = 8$,有两个解 $(3,10)$ 和 $(4,6)$;

$p_a = 3$,方程(1)化为 $(3p_b - 4)(3p_c - 4) = 52$. 如果 $p_b = 3$,则有 $3p_b - 4 = 5$,5 不是 52 的因数;如果 $p_b > 3$,则 $p_c \geqslant p_b \geqslant 4$,$(3p_b - 4)(3p_c - 4) \geqslant 8^2 = 64$. 因此,方程无解.

由 p_a, p_b, p_c 的值,可以算 a, b, c. 列表如下:

三角形趣谈

编号	p_a	p_b	p_c	a	b	c	$2p=\Delta$	形 状
1	1	8	9	17	10	9	36	钝角三角形
2	1	6	14	20	15	7	42	钝角三角形
3	1	5	24	29	25	6	60	钝角三角形
4	2	4	6	10	8	6	24	直角三角形
5	2	3	10	13	12	5	30	直角三角形

上表列出的就是问题的全部解. 可见，面积和周长数值相等的海伦三角形只有五个. 有意思的是，其中没有锐角三角形，而且它们的周长（即面积）的数值都是6的倍数.

为了进一步解决整边三角形计数问题，要用到"取整"运算这一工具. 设 x 为实数，以 $[x]$ 表示不超过 x 的最大整数. 例如

$$\left[\frac{5}{4}\right]=1,[\pi]=3,[0]=0,\left[-1\frac{1}{2}\right]=-2$$

我们要用到它的如下一些性质：

(1) 如果 m 为整数，则 $[m+x]=m+[x]$；
(2) 对任意实数 x，$[x]\leqslant x<[x]+1$；
(3) 如果 α 为非整数，则 $[-\alpha]=-[\alpha+1]=-[\alpha]-1$；
(4) 如果 m 为整数，则 $\left[\dfrac{m+1}{2}\right]=\dfrac{2m+1+(-1)^{m+1}}{4}$.

【例2】 最大边为11的整边三角形有多少个？

先归纳一下看，最大边为1的，只有一个：$(1,1,1)$；最大边为2的，有两个：$(2,2,1)$ 和 $(2,2,2)$；最大边为3的，有 $(3,2,2),(3,3,1),(3,3,2),(3,3,3)$，共4个；最大边为4的：$(4,3,2),(4,3,3),(4,4,1),(4,4,2),(4,4,3),(4,4,4)$，共6个，再试验几个，得到如下的表：

最大边长 n	1	2	3	4	5	6	7	…
三角形个数 T_n	1	2	4	6	9	12	16	…

从中似乎可以看出某种规律，但要寻求计数公式，还要作一般的考虑.

设三角形最大边为 n，另外两边为 x,y（这里 n,x,y 均为自然数），那么

$$\begin{cases} x+y>n \\ x\leqslant y\leqslant n \end{cases} \tag{3}$$

我们要求的是最大边为 n 的整边三角形的个数 T_n,就是方程(3)的整数解数. 考虑方程
$$x+y=k \quad (\text{这里 } n+1 \leqslant k \leqslant 2n, x \leqslant y \leqslant n) \tag{4}$$
应用例2中归纳时的排列解的方法,可以写出方程(4)的全部解
$$(k-n,n),(k-n+1,n-1),\cdots,\left(\left[\frac{k}{2}\right],\left[\frac{k+1}{2}\right]\right)$$
(其中 $k=n+1,n+2,\cdots,2n$)

对每个固定的 k,方程(4)的解数为
$$t_k = n - \left[\frac{k+1}{2}\right] + 1$$

由于方程(4)与(3)同解,因此
$$T_n = \sum_{k=n+1}^{2n} t_k = \sum_{k=n+1}^{2n} \left((n+1) - \left[\frac{k+1}{2}\right]\right) \tag{5}$$

公式(5)并不难用,但取整符号影响我们进行深入探讨. 我们要设法化掉它. 应用取整运算性质(4),有
$$\sum_{k=n+1}^{2n} \left[\frac{k+1}{2}\right] = \frac{1}{4}\sum_{k=n+1}^{2n}(2k+1) + \frac{1}{4}\sum_{k=n+1}^{2n}(-1)^{k+1}$$
$$= \frac{1}{4}\left((2n+1)^2 - (n+1)^2 + \sum_{k=1}^{n}(-1)^k\right)$$

由于
$$\sum_{k=1}^{n}(-1)^k = \begin{cases} 0 & n \text{ 为偶数} \\ -1 & n \text{ 为奇数} \end{cases}$$

代入公式(5),即得

定理1 最大边为 n 的整边三角形的个数
$$T_n = \begin{cases} \dfrac{1}{4}n(n+2) & \text{当 } n \text{ 为偶数时} \\ \dfrac{1}{4}(n+1)^2 & \text{当 } n \text{ 为奇数时} \end{cases}$$
$$= \frac{1}{4}\left(n^2 + 2n + \sin^2\frac{n\pi}{2}\right) \tag{6}$$

式(6)比(5)要简洁得多. 对例2来说,有
$$T_{11} = \frac{(11+1)^2}{4} = 36(\text{个})$$

下边我们来推导等周整边三角形的计数公式.

设周长为 n 的整边三角形个数为 D_n. 观察直接实验的资料:

三角形趣谈

n	1	2	3	4	5	6	7	8	9	10	11	12	⋯
D_n	0	0	1	0	1	1	2	1	3	2	4	3	⋯

看不出简单的构造规律. 我们还是从三角形的边服从的条件出发,进行理论分析,设正整数 a,b,c(这里 $a\leqslant b\leqslant c$)表示三角形三边长,则 D_n 就是混合组

$$\begin{cases} a+b+c=n \\ a+b>c \\ a\leqslant b\leqslant c \end{cases} \tag{7}$$

的整数解. 先确定 c 的范围. 由于 $c<a+b, 2c<a+b+c=n, c<\dfrac{n}{2}$,因此 $c\leqslant \left[\dfrac{n-1}{2}\right]$;又,$c\geqslant b\geqslant a, 3c\geqslant a+b+c=n, c\geqslant \dfrac{n}{3}$,当且仅当 n 是 3 的倍数时,可取等号. 如果 $n=3m+2$(这里 m 为非负整数),则 $c\geqslant \dfrac{n+1}{3}$;如果 $n=3m+1$,则 $c\geqslant \dfrac{n+2}{3}$. 因此,$c\geqslant \left[\dfrac{n+2}{3}\right]$.

又,对固定的 c,方程

$$a+b=n-c \quad (\text{其中 } a+b>c, a\leqslant b\leqslant c) \tag{8}$$

的解恰为

$$(n-2c, c)$$
$$(n-2c+1, c-1)$$
$$(n-2c+2, c-2)$$
$$\vdots$$
$$\left(\left[\dfrac{n-c}{2}\right], \left[\dfrac{n-c+1}{2}\right]\right)$$

因此,方程(7)的解数是

$$D_n = \sum_{c=\left[\frac{n+2}{3}\right]}^{\left[\frac{n-1}{2}\right]} \left(c - \left[\dfrac{n-c+1}{2}\right] + 1\right) \tag{9}$$

式(9)自然可以直接应用,但"取整符号碍手碍脚"的,运用类似于公式(6)的推导方法,我们得到

定理 2 设自然数 $n=6k+r, k$ 为非负整数,$0\leqslant r<6$,则周长为 n 的整边三角形的个数

$$D_n = \begin{cases} \dfrac{n^2}{48} + \dfrac{1+(-1)^{\frac{n}{6}}}{8} & \text{当 } r=0 \text{ 时} \\[2mm] \dfrac{(n+3)^2-16}{48} + \dfrac{1+(-1)^{\frac{n-7}{6}}}{8} & \text{当 } r=1 \text{ 时} \\[2mm] \dfrac{n^2-4}{48} - \dfrac{1+(-1)^{\frac{n+4}{6}}}{8} & \text{当 } r=2 \text{ 时} \\[2mm] \dfrac{(n+3)^2}{48} + \dfrac{1+(-1)^{\frac{n-3}{6}}}{8} & \text{当 } r=3 \text{ 时} \\[2mm] \dfrac{n^2-16}{48} + \dfrac{1+(-1)^{\frac{n+2}{6}}}{8} & \text{当 } r=4 \text{ 时} \\[2mm] \dfrac{(n+3)^2-4}{48} - \dfrac{1+(-1)^{\frac{n-5}{6}}}{8} & \text{当 } r=5 \text{ 时} \end{cases} \quad (10)$$

公式还能合并得简单一些吗？留作读者研究．

【例 3】 用 4 根、35 根和 100 根火柴，各能摆出多少个三角形？

应用公式(10)，可以算出

$$D_4 = \frac{4^2-16}{48} + \frac{1-1}{8} = 0$$

$$D_{35} = \frac{(35+3)^2-4}{48} - \frac{1-1}{8} = 30$$

$$D_{100} = \frac{100^2-16}{48} + \frac{1-1}{8} = 208$$

读者可以列出周长为 $1 \sim 100$ 的整边三角形个数表．观察数列的规律是颇有趣味的．另外，研究其中锐角、直角、钝角三角形和海伦三角形的个数，也是引人入胜的课题．

推论 对任何自然数 n（这里 $n \geqslant 3, n \neq 4$），周长为 n 的整边三角形是存在的．

第 2 节　三角形网络中的计数公式

用三组平行于边的等距平行线，将边长为 n 的等边三角形各边 n 等分（称为 $n-$ 剖分），就形成 $n-\triangle$ 网络（图 2.1）．这种网络有一系列有趣的计数问题，在近年的刊物、竞赛中频繁出现．

【例 4】 给定正 $\triangle ABC$，那么：

(1) 当 n 为 $2, 3, 5$ 以外的自然数时，它总可以分割为 n 个较小的正三角形；

(2) 对任何自然数 n，$\triangle ABC$ 总可分为 n^2 个全等的小正三角形.

将正 $\triangle ABC$ n-剖分，擦去一部分线条，得图 2.2(a)，其中 $\triangle AB_1C_1$ 为正三角形，梯形 BCC_1B_1 中，有 $n+(n-1)=2n-1$ 个小的正三角形，总个数为 $(2n-1)+1=2n$（其中 $n\geqslant 2$），即至少为 4 的偶数个是可以分成的. 在图 2.2(b) 中，先将 $\triangle ABC$ 施行 2-剖分，一分为 4，再将其中的一个，例如 $\triangle DBE$ n-剖分，擦去一部分线条（仿(a)），得 $2n$ 个小正三角形，总共 $2n+4-1=2n+3(n\geqslant 2)$ 个，即至少为 7 的奇数个是可以分成的. 所以，结论(1)成立. 由于任何 $n-\triangle$ 网络中共包含 n^2 个全等的小正三角形（见例 6），故(2)是对的.

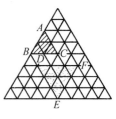

图 2.1

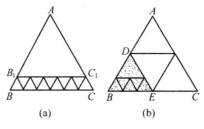

图 2.2

【例 5】 把单位正 $\triangle ABC$ n-剖分，在每个结点放一个实数，已知：
(1) A,B,C 三点分别放实数 α,β,γ；
(2) 在每个最小菱形的相对顶点上放置的数之和相等.
试求：
(a) 放置最大数与最小数的顶点间的距离 d；
(b) 所有结点上数的总和 S.

为方便起见，就用表示三角形顶点的字母表示结点放置的数. 由(2)及图 2.3 知
$$A+B_2=B_1+A_1$$
$$A_1+B_2=B_1+A_2$$
$$A_1+B_3=B_2+A_2$$
$$\vdots$$

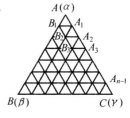

图 2.3

所以
$$A-A_1=B_1-B_2=A_1-A_2=B_2-B_3=\cdots=A_{n-1}-C$$

就是说,边 AC 上放置的数成等差数列.同理,每条直线段上放置的数,也都各自成等差数列.那么,最大、最小的数必在端点上.因此,$d=1$.这就解答了(a).

由于等差数列前 n 项的和,是首末项的一次函数,因此,把所有结点上的数加起来,结果必为 α,β,γ 的一次函数.而且,公式关于 α,β,γ 在形式上应该是对称的(即轮换对称,见本书第 4 章).因此,可设 $S(\alpha,\beta,\gamma)=k(\alpha+\beta+\gamma)$,这里 k 是个待定常数.取 $\alpha=\beta=\gamma=1$,那么网络每个结点放的数都是 1,网络共有 $\frac{1}{2}(n+1)(n+2)$ 个结点(见后面公式(11)),则

$$S(1,1,1)=k(1+1+1)=\frac{1}{2}(n+1)(n+2)$$

$$k=\frac{1}{6}(n+1)(n+2)$$

因此

$$S(\alpha,\beta,\gamma)=\frac{1}{6}(n+1)(n+2)(\alpha+\beta+\gamma)$$

由上述解题过程,不难看出,$n-\triangle$ 网络中基本图形的计数公式是很有用的.我们来推导这些公式.

设 $n-\triangle$ 网络中结点数为 D_n,线段数为 X_n,则有(图 2.1)

$$D_n=1+2+\cdots+(n+1)=\frac{1}{2}(n+1)(n+2) \tag{11}$$

$$X_n=3\sum_{k=2}^{n+1}C_k^2=\frac{1}{2}n(n+1)(n+2) \tag{12}$$

我们来计算其中的三角形个数 S_n.分别以 x_l 和 y_l 表示边长为 l 的正立和倒立三角形(如图 2.1 中的 $\triangle ABC$ 为正立,$\triangle DEF$ 为倒立的)的个数,那么

$$x_l=1+2+\cdots+(n-l+1)$$
$$=\frac{1}{2}(n-l+1)(n-l+2) \quad (l=1,2,\cdots,n) \tag{13}$$

$$y_m=1+2+\cdots+(n-2m+1)$$
$$=\frac{1}{2}(n-2m+1)(n-2m+2) \quad \left(m=1,2,\cdots,\left[\frac{n}{2}\right]\right) \tag{14}$$

于是

$$S_n=\sum_{l=1}^{n}x_l+\sum_{m=1}^{\left[\frac{n}{2}\right]}y_m \tag{15}$$

应用式(13),可算前一项

$$\sum_{l=1}^{n} x_l = \frac{1}{2} \sum_{l=1}^{n} (n-l+1)(n-l+2)$$
$$= \frac{1}{6} n(n+1)(n+2)$$

后一项要按 n 为奇、偶数的情形分别计算

$$\sum_{m=1}^{\left[\frac{n}{2}\right]} y_m = \begin{cases} \dfrac{1}{24} n(n+2)(2n-1) & \text{当 } n \text{ 为偶数时} \\ \dfrac{1}{24}(n-1)(n+1)(2n+3) & \text{当 } n \text{ 为奇数时} \end{cases}$$

所以

$$S_n = \begin{cases} \dfrac{1}{8}\left[n(n+2)(2n+1)-1\right] & \text{当 } n \text{ 为奇数时} \\ \dfrac{1}{8} n(n+2)(2n+1) & \text{当 } n \text{ 为偶数时} \end{cases}$$

因为

$$\sin^2 \frac{n\pi}{2} = \begin{cases} 0 & \text{当 } n \text{ 为偶数时} \\ 1 & \text{当 } n \text{ 为奇数时} \end{cases}$$

我们有

定理 3 $n-\triangle$ 网络中,三角形个数

$$S_n = \frac{1}{8}\left[n(n+2)(2n+1) - \sin^2 \frac{n\pi}{2}\right] \tag{16}$$

【例 6】 试求 $n-\triangle$ 网络中单位三角形个数和边长为 2 的三角形的个数.

应用公式(13),(14)

$$x_1 + y_1 = \frac{1}{2} n(n+1) + \frac{1}{2}(n-1)n = n^2$$

$$x_2 + y_2 = \frac{1}{2}(n-1)n + \frac{1}{2}(n-3)(n-2)$$
$$= n^2 - 3n + 3$$

应用类似方法,可算出 $n-\triangle$ 网络中:菱形个数 L_n

$$L_n = \frac{1}{8}\left[n(n+2)(2n-1) - \sin^2 \frac{n\pi}{2}\right] \tag{17}$$

平行四边形个数 P_n、梯形个数 T_n 和正六边形个数 Z_n

$$P_n = \frac{1}{8}(n-1)n(n+1)(n+2) \tag{18}$$

$$T_n = \frac{1}{16}\left[n(n+2)(3n^2-2n-2) + 3\sin^2 \frac{n\pi}{2}\right] \tag{19}$$

$$Z_n = \frac{1}{18}\left(n^3 - 3n + \frac{4}{\sqrt{3}}\sin\frac{2n\pi}{3}\right) \tag{20}$$

推证这些公式,是很有意义的练习.

【例 7】 在 $n-\triangle$ 网络中,点数、线段数、平行四边形数,这三者之间有什么关系?

应用公式(11),(12)得 $X_n = nD_n$,再用公式(18)

$$P_n = \frac{n-1}{4}X_n = \frac{1}{4}n(n-1)D_n$$

第 3 节　三角形计数名题

这里我们选择的几个三角形计数名题,从各个侧面说明了解答这类问题的思路和技巧,结果本身也是颇有价值的.

【例 8】 设凸 n 边形任何三条对角线在形内不共点,求它的边和对角线共构成多少个三角形.

我们这样来分析:为了对所构成的三角形计数,可按三角形顶点的情况进行分类:

(1) 三个顶点都是凸 n 边形顶点的三角形,有 C_n^3 个.

(2) 恰有两个顶点为凸 n 边形顶点的三角形.我们看出,任意四个顶点构成 4 个这样的三角形如图 2.4(a) 所示,四个顶点 A_1, A_2, A_3, A_4 构成 4 个这类三角形:$\triangle A_1 A_2 P, \triangle A_2 A_4 P, \triangle A_4 A_3 P, \triangle A_3 A_1 P$,因此,这样的三角形共有 $4C_n^4$ 个.

(3) 恰有一个顶点为多边形顶点的三角形:如图 2.4(b) 所示,多边形任意五个顶点构成五个这样的三角形,因此,共有 $5C_n^5$ 个.

(4) 最后,是三个顶点都不是原多边形顶点的三角形,如图 2.4(c) 所示,多边形任意六个顶点决定一个这样的三角形,那么共有 C_n^6 个.

因此,三角形总数是
$$S_n = C_n^3 + 4C_n^4 + 5C_n^5 + C_n^6$$
$$= \frac{1}{720}n(n-1)(n-2)(n^3 + 8n^2 - 43n + 180)$$

我们看到,此题的计算成功,在于对为数众多、形态各异的三角形,找到一个合理的分类方法(标准),即有几个(或没有)顶点是原多边形的顶点,这是解答此类问题的关键.抓住了这个关键,就如快刀斩乱麻,貌似混沌的问题,立即显现出清晰的脉络.这也是组合计数方法的基本特征.而所谓合理的分类,就是

三角形趣谈

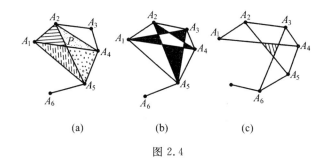

图 2.4

把要计算的对象,分为若干类,使得既不重复,又不遗漏,才能用加法原理计算.

还要指出,此题中"任何三条对角线在形内不共点"这个条件,一般说来,如果不是正多边形,那么对任意的 $n(\geqslant 5)$,总可构造出这样凸 n 边形.对于正 n 边形,我们猜想:设 $n \geqslant 5$ 为奇数,则正 n 边形无三条或三条以上对角线在形内共点.

这猜想至今未被证明,也未被推翻.

【例 9】 平面上有 n 条直线 $l_1, l_2, \cdots, l_n$(这里 $n \geqslant 4$),它们两两相交,三三不共点,而把平面分为不重叠的区域,设 p_3 为三角形区域数,求证

$$p_3 \geqslant \frac{2}{3}(n-1)$$

这是一个很漂亮的结果,证明的大体思路如下:以 A_{ij} 表示直线 l_i 与 l_j 的交点,考虑直线 l_k,由于 $n \geqslant 4$,就是说至少有 4 条直线,这些直线除了同 l_k 相交,还交于 l_k 之外的点.设在 l_k 一侧的交点中,A_{ij} 是离 l_k 最近的,如图 2.5(a)所示.那么,不会有直线从 $\triangle A_{ij}A_{jk}A_{ki}$ 内部穿过,就是说,它是符合题目条件的三角形区域(称为 l_k 的伴随三角形),一般说来,在 l_k 另一侧还有一个.而在整个构图里,n 条直线 $l_1, l_2, \cdots, l_n$ 中,至多有两条只在一侧有伴随三角形.这是因为,否则,设 l_1, l_2, l_3 只在一侧有伴随三角形,$n \geqslant 4$;再可取 l_4 看看,如果 A_{14} 在线段 $A_{31}A_{12}$ 之外,则 l_1 或 l_2 两侧均有伴随三角形,如图 2.5(b)所示,与假设矛盾.在 $\triangle A_{31}A_{12}A_{23}$ 的任何边的延长线上同样不行.因此,它只能同时穿过这三角形三边(内部),而这也是不可能的.这样一来,至少有 $n-2$ 条直线每条有两个伴随三角形,至多有两条各有一个.因此,三角形区域总数至少为 $2(n-2)+2=2(n-1)$.而每个三角形有 3 边,至多被计算三次,因而 $p_3 \geqslant \frac{2}{3}(n-1)$.

关于这个问题,有人在"没有任何 $(n-1)$ 条直线共点"(而不是三三不共点)的条件下,证明了不等式

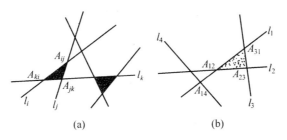

图 2.5

$$p_3 \leqslant \frac{2}{5}n(n-1)$$

【例 10】 将棱长为 n 的正四面体各棱 n 等分,过分点作平行于各面的截面,就构成 $n-$ 四面体网络. 试计算这网络中三角形和四面体的个数.

由公式(16),我们知道边长为 k 的截面(形成 $k-\triangle$ 网络)上三角形个数

$$\Delta_k = \frac{1}{8}\left[k(k+2)(2k+1) - \sin^2\frac{k\pi}{2}\right]$$

于是,全部三角形个数就是

$$S(n) = 4\sum_{k=1}^{n}\frac{1}{8}\left[k(k+2)(2k+1) - \sin^2\frac{k\pi}{2}\right]$$

$$= \frac{1}{2}\left[\sum_{k=1}^{n}k(k+2)(2k+1) - \sum_{k=1}^{n}\sin^2\frac{k\pi}{2}\right]$$

但

$$\sum_{k=1}^{n}k(k+2)(2k+1) = 2\sum_{k=1}^{n}k^3 + 5\sum_{k=1}^{n}k^2 + 2\sum_{k=1}^{n}k$$

$$= 2 \cdot \frac{1}{4}n^2(n+1)^2 + 5 \cdot \frac{1}{6}n(n+1)(2n+1) +$$

$$2 \cdot \frac{1}{2}n(n+1)$$

$$= \frac{1}{6}n(n+1)(3n^2 + 13n + 11)$$

$$\sum_{k=1}^{n}\sin^2\frac{k\pi}{2} = \frac{n}{2} + \frac{1}{2}\sin^2\frac{n\pi}{2}$$

因此

$$S(n) = \frac{1}{12}\left[n(3n^3 + 16n^2 + 24n + 8) - 3\sin^2\frac{n\pi}{2}\right]$$

例如,$S(1) = 4, S(2) = 24, S(3) = 76$.

由于棱长为 k(其中 $1 \leqslant k \leqslant n$)的四面体的个数为
$$C_2^2 + C_3^2 + C_4^2 + \cdots + C_{n+2-k}^2 = C_{n+3-k}^3$$
因此,四面体总数为
$$V_4(n) = \sum_{k=1}^{n} C_{n+3-k}^3 = C_{n+3}^4$$

练习 2

1. 最多用 12 根火柴棍能摆出多少种整边三角形?

2. 求证:

(1) $\left[\dfrac{k+1}{2}\right] = \dfrac{2k+1+(-1)^{k+1}}{4}$,其中 k 为整数.

(2) $\sum_{k=u}^{v}(-1)^k = \dfrac{(-1)^u + (-1)^v}{2}$,其中 $u \leqslant v, u,v$ 为正整数.

3. 三边为连续自然数,周长不超过 100 的锐角三角形共有多少个?周长不超过 l(其中 l 为自然数)的呢?

4. 三边成等差数列,周长不超过 l(其中 l 为自然数)的锐角三角形共有多少个?

5. 试推导第 1 节公式(10).

6. 试详细推导第 2 节公式(16).

7. 试推导第 2 节公式(20).

8. 在 $n-\triangle$ 网络中,边长为 k 的正三角形共有多少个?

9. 正三角形划分为小正三角形,有三种"基本类型"(如图),(a) 一分为四;(b) 一分为六;(c) 一分为八,试证:

(1) 如果一个三角形分别用图(a),(b),(c) 型分划的次数为 a,b,c,则所得小三角形个数为
$$M(a,b,c) - 1 + 3a + 5b + 7c$$

(2) 当 $n \neq 2,3,5$ 时,正三角形总可划分为 n 个小正三角形(用上一小题的结果去证明).

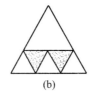

(a) (b) (c)

9题图

10.正十七边形边和对角线共构成多少个三角形?

第3章 三角形组合问题

第1节 剖分及其应用

有些看来似乎很简单的问题,当你真的动手去解时,往往发现并不简单.三角形的剖分就是一例.

【例1】 把一个钝角(或直角)三角形剖分为锐角三角形.

如果被剖分的是锐角三角形,那么问题是很简单的.对钝角(或直角)三角形来说,从顶点向对边引截线,不可能截出两个锐角三角形.因此,一定要从三角形内一点向顶点(或边)引截线.选哪个点好呢? 外、垂二心不在形内,重心与钝角顶点的连线未必把它分为两个锐角,可用内心试一试,而且尽量剖分为等腰三角形(底角必为

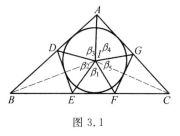

图 3.1

锐角).于是得如图 3.1 所示的剖分法:$\triangle ABC$ 的 $\angle A \geqslant 90°$,I 为内心,过 BI,CI 同内切 $\odot I$ 交点作切线分别交边于 D,E,F,G,则 $\odot I$ 也是五边形 $ADEFG$ 的内切圆,因此剖分出的七个三角形就都是锐角三角形.事实上,只要证 β_1,β_2,$\cdots$,β_5 是锐角就可以了.如

$$\beta_1 = 180° - \angle IEF - \angle IFE$$
$$= 180° - \frac{1}{2}(180° - \angle DEB) - \frac{1}{2}(180° - \angle GFC)$$
$$= \frac{1}{2}(\angle DEB + \angle GFC) < 90°$$

是否还有别的分法? 是否能分出少于 7 个锐角三角形?

上一章我们曾对等边三角形施行 n-剖分.这对一般三角形,也是很有用的:用分别平行于三角形三边的三组平行线将每边 n 等分,则原三角形就被分成 n^2 个全等的小三角形,这种分割称为 n-剖分,记作 $S_n(\triangle)$.$S_n(\triangle)$ 在力学、微分方程中都有应用,我们举例说明在初等数学中的应用.

【例2】 设 P 为 $\triangle ABC$ 的边 BC 上一点,$PE \parallel AB$,$PF \parallel AC$(图 3.2),设 $S_{\triangle ABC}=1$,求证:$\triangle BPF$,$\triangle PCE$,$\square AFPE$ 中至少有一个面积不小于 $\dfrac{4}{9}$.

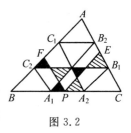

图 3.2

剖分的作用,在于先分出面积中的"整块",再估计"零头";类似于方格法求面积,又兼有"出入相补"的优点. 要证"至少一块不小于 $\dfrac{4}{9}$",就用 $3-$ 剖分 $S_3(\triangle)$,那么剖分成的每个小三角形面积为 $\dfrac{1}{9}$. 现在分析点 P 在 BC 上所有可能的位置(读者可按叙述自行画图验证):

(1)P 在线段 BA_1 上,则 $S_{\triangle PCE} \geqslant \dfrac{4}{9}$;

(2)P 在线段 A_2C 上,则 $S_{\triangle BPF} \geqslant \dfrac{4}{9}$;

(3)P 在线段 A_1A_2 上,由于阴影图案相同的每三个三角形全等,知

$$S_{\square AFPE} \geqslant S_{\triangle AC_2B_1} = \dfrac{4}{9}$$

试问:题目中的 $\dfrac{4}{9}$,能否改进(这里指增大)?比如,采用较细的适当剖分,能证明三块中至少有一块不小于 $\dfrac{12}{25}$ 或 $\dfrac{24}{49}$ 吗?改进为 $\dfrac{1}{2}$ 行不行?

【例3】 在边长为 12 的正三角形中有 21 个点,试证:用一个半径为 $\sqrt{3}$ 的圆形硬币,总可盖住至少 3 个上述的点.

21 个点在正 $\triangle ABC$ 中怎样分布? 这里,每个点的具体位置是很难说清楚的,而此例中我们只要考虑它们分布的相对的位置就可以了,这是可以办到的,剖分就有这个功能.

考虑剖分 $S_4(\triangle ABC)$(读者应弄清为何用 $4-$ 剖分),则 $\triangle ABC$ 被分为 16 个边长为 3 的正三角形(图 3.3),其中有 10 个"正"立的,6 个"倒"立的,且每个倒立的被 3 个正立的"围住",每个正立小三角形,可被它的外接圆(半径为 $\sqrt{3}$ 的圆形硬币)盖住,每个倒立的小三角形(如图 3.3 中的 $\triangle A_1B_1C_1$),被围住它的三个正立三角形的外接圆盖住. 因此,$\triangle ABC$ 可被 10 个半径为 $\sqrt{3}$ 的圆形硬币盖住,且同时盖住了所说的 21 个点,因此,至少有一个硬币盖住了 3 个或 3 个以上的点(否则,若每个硬币至多盖住 2 个点,那么 10 个硬币便至多盖住 20 个点),就是说,用一个半径为 $\sqrt{3}$ 的硬币总可盖住至少 3 个点.

例 3 说明了剖分在覆盖问题中的应用.在上面的解法中,最后还应用了"抽屉原则":$m\times n$ 个以上的物体放于 m 个抽屉中,至少有一个抽屉中的物体不少于 $n+1$ 个.剖分的方法和抽屉原则的方法都是组合方法.我们看到,这里,剖分的作用在于构造抽屉.

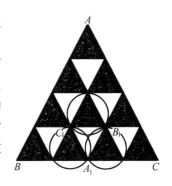

图 3.3

上面的剖分,同时对三角形的边进行了分割.下面我们来看看另一种剖分.

【例 4】 设在 $\triangle ABC$ 内部给定 n 个点,用线段把它们及顶点两两联结,直到把 $\triangle ABC$ 剖分为三角形为止.但是:

(1) 线段不能相交;

(2) 给定点只作为小三角形顶点.

以 $P(n)$ 表示所分成的小三角形的个数,求证:$P(n)$ 必为奇数.

根据图 3.4 可对 $P(n)$ 进行一些归纳研究.考虑了点在 $\triangle ABC$ 内分布和连线的不同情况,我们看出

$$P(0)=1, P(1)=3, P(2)=5, P(3)=7$$

再继续画图观察就很困难了.但可用点、线、边间的关系来分析一下:$P(n)$ 个小三角形,共有 $3n$ 条边,但这不是图中的线段数,设点 n 相互间以及同 A,B,C 间连线(称为内部线段)共有 m 条,这 m 条线段每条都是相邻两个三角形的边,作为"边",应计算两次,$\triangle ABC$ 的边只用一次,因此

$$3P(n)=2m+3$$

这说明:$3P(n)$ 为奇数,因此,$P(n)$ 也是奇数.

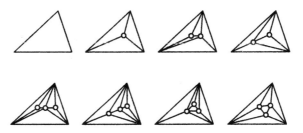

图 3.4

归纳一下,还可列出下表:

点数 n	0	1	2	3	4	5
内部线段数 m	0	3	6	9		
$P(n)$	1	3	5	7		

由上面等式和归纳表格,可以看出什么规律?能求出 m 和 $P(n)$ 的表达式吗?

根据例 4 中的两条要求,对四边形、五边形进行三角剖分,将会得到什么结论?

第 2 节　覆盖与填充

我们知道,一个或一组平面图形可以看做平面上点的集合. 设 M 和 N 是两个平面点集,如果 $M \subseteq N$,就说图形(组) M 被图形(组) N 覆盖,或说 N 覆盖 M. 根据我们平常的习惯,如果通过适当的运动(平移、旋转、翻折),由 N 得到 N'(有 $N \cong N'$),而 N' 覆盖 M,就说 N 能够覆盖 M. 本节我们来考虑凸图形(组)与三角形之间的覆盖问题.

我们称能覆盖一个三角形的最小的圆,为三角形的覆盖圆.

【例 5】　求已知 $\triangle ABC$ 的覆盖圆.

容易知道,$\triangle ABC$ 的外接圆 $\odot O$ 覆盖 $\triangle ABC$. 它就是覆盖 $\triangle ABC$ 的最小圆吗?可以画图分析一下.

设 BC 为 $\triangle ABC$ 的最大边,以 BC 为直径作 $\odot O_1$,当 $\angle A \geqslant 90°$(图 3.5(a) 中的 A_1, A_2 的位置)时,$\odot O_1$ 就是 $\triangle ABC$ 的覆盖圆,这时,外接圆直径 $2R = \dfrac{BC}{\sin A} \geqslant BC$;当 $\angle A < 90°$ 时,点 A(图 3.5(a) 中 A_3 的位置)在 $\odot O_1$ 之外,$\odot O_1$ 不能覆盖 $\triangle ABC$. 设 $\odot O'$ 为覆盖 $\triangle ABC$ 的任一个圆(图 3.5(b)),延长 BA, AB, AC,分别交 $\odot O'$ 于 A', B', C'(可能分别与 A, B, C 重合),联结 $A'C', B'C'$,则 $B'C' \geqslant BC$,$\angle A' \leqslant \angle A$,于是 $\odot O'$ 的直径 $2R' = \dfrac{B'C'}{\sin A'} \geqslant \dfrac{BC}{\sin A} = 2R$. 可见 $\odot O'$ 不小于 $\odot O$. 因此,对锐角(和直角)三角形来说,外接圆就是覆盖圆.

在任一点集中,如果存在距离最远的两点,这两点间的距离就叫做这点集的直径. 比如,三角形最大边也就是三角形直径. 例 5 的结果告诉我们:三角形直径 d、覆盖圆直径 $2R'$ 和外接圆直径 $2R$ 间的关系是

$$d \leqslant 2R' \leqslant 2R$$

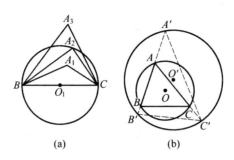

图 3.5

其中,左边等号对钝角或直角三角形成立,右边等号对锐角或直角三角形成立. 又,三角形的最大角(比如 $\angle A$)不会小于 $60°$,因此,$R = \dfrac{a}{2\sin A} \leqslant \dfrac{d}{2\sin 60°} = \dfrac{d}{\sqrt{3}}$,最后得

$$\frac{d}{2} \leqslant R' \leqslant R \leqslant \frac{d}{\sqrt{3}}$$

这是一个很有用的不等式.

反过来,我们也可以考虑用三角形覆盖圆的问题. 例如,不难证明,三角形覆盖它的内切圆,而覆盖一个圆的一切三角形中,最小的是它的外切正三角形. 当一个圆被三角形覆盖时,也说圆被嵌入一个三角形.

【例 6】 半径为 x 的圆能嵌入 $\triangle ABC$,求 x 的最大值.

直观上看得很清楚(图 3.6):能嵌入 $\triangle ABC$ 的最大圆是它的内切圆. 事实也是如此. 设 $\odot P$ 能嵌入 $\triangle ABC$,那么圆 P 的半径 x 不会超过 P 到边的距离,因此

$$\frac{1}{2}ax + \frac{1}{2}bx + \frac{1}{2}cx \leqslant S_{\triangle PBC} + S_{\triangle PCA} + S_{\triangle PAB} = S_{\triangle ABC} = pr$$

两边除以 $p = \dfrac{1}{2}(a+b+c)$,得 $x \leqslant r$.

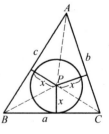

图 3.6

等号当且仅当 $\odot P$ 为 $\triangle ABC$ 内切圆时成立. 可见,能嵌入三角形的最大圆确是它的内切圆.

也可以考虑三角形同其他正多边形相互覆盖、嵌入的问题.

【例 7】 能覆盖边长为 a 的正方形的最小正三角形(称为覆盖三角形)的边长是多少?

我们来分析一下,要使覆盖正方形的正三角形最小,应当"怎样盖"? 如果

正 △PQR 有一条边不经过正方形 ABCD 的顶点(如图 3.7(a)),则它不会是覆盖三角形,因为过适当的顶点(例如 D)作 Q'R' // QR,即得到仍能覆盖正方形 ABCD,但较 △PQR 小的正 △PQ'R'.那么,还剩两种情形:

(1) 四个顶点全在边上(图 3.7(b)),这时 △PQR 的边
$$x = \left(1 + \frac{2\sqrt{3}}{3}\right)a$$

(2) 有三个顶点分别在三边上(图 3.7(c)),第四个顶点不在边上.设 $\angle ADQ = \alpha$,则 $\angle ABP = 150° - \alpha$.应用正弦定理,得
$$x = PQ = AP + AQ = \frac{2\sqrt{3}a}{3}[\sin(150° - \alpha) + \sin\alpha]$$
$$= \frac{4\sqrt{3}}{3}a\sin 75°\cos(\alpha - 75°)$$

由于 $0° < \alpha < 90°, 0° < 150° - \alpha < 90°$,则 $60° < \alpha < 90°, -15° < \alpha - 75° < 15°$, $\cos(\alpha - 75°) > \cos 15°$,因此
$$x > \frac{4\sqrt{3}}{3}a\sin 75°\cos 15° = \frac{4\sqrt{3}}{3}a\cos^2 15°$$
$$= \frac{4\sqrt{3}}{3}a \cdot \frac{1 + \cos 30°}{2} = \left(1 + \frac{2\sqrt{3}}{3}\right)a$$

这说明,当四个顶点都在 △PQR 的边上(正三角形外接于正方形)时,x 取最小值 $\left(1 + \frac{2\sqrt{3}}{3}\right)a$.这就是正方形的覆盖正三角形的边长.

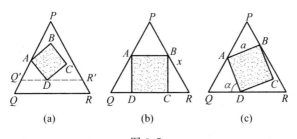

图 3.7

反过来,例 7 的结果还说明,能嵌入边长为 x 的正三角形的最大的正方形其边长为 $a = \dfrac{x}{\left(1 + \dfrac{2\sqrt{3}}{3}\right)}$.

同样可以考虑正五边形、正六边形、……的覆盖三角形的问题.我们来考

虑将正三角形嵌入正方形的问题.

【例8】 求能嵌入边长为 a 的正方形的最大正三角形的边长.

很清楚,如果正三角形有一个顶点不在正方形边上,那么它必不是能嵌入的最大正三角形.因此,只需考虑正方形的内接正三角形.

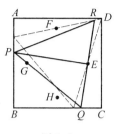

图 3.8

分别以正方形 ABCD 各边为一边,向内作正 △ABE,△BCF,△CDG,△DAH(图3.8).那么,可以证明,正方形 ABCD 的任何内接正三角形,必至少有一条边过 E,F,G,H 之一,且被它平分.设内接正△PQR 的边 QR 过点 E.那么,当 R 和 D 重合时,QR 就取得自己的最大值(在 E 平分 QR 的条件下)$y=2\sqrt{2-\sqrt{3}}a$.这时,求得的就是最大的内接三角形.反之,能覆盖边长为 y 的正三角形的最小正方形的边长为

$$a = \frac{y}{2\sqrt{2-\sqrt{3}}}$$

覆盖和嵌入的一个重要特例,是填充或铺砌,也就是用全等的图形(组)不重叠地铺满整个平面(叫做铺砌平面).这类问题的研究,有很高的理论和实用价值.

首先,我们知道,平行四边形可以铺砌平面,因为将平行四边形沿着一组对边的两个方向平移,可以铺砌两条平行线间的带形,再将带形沿任何不与带形边平行的方向平移或翻折(图3.9),即可铺砌平面.当然,还可以有别的铺砌方法.但承认这个事实,就可以证明:

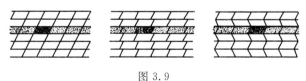

图 3.9

定理 三角形可以铺砌平面.

事实上,任意两个全等的三角形为一组,可以拼合成一个平行四边形块,而这种平行四边形块,是可以铺砌平面的.

由此不难看出,正六边形可以铺砌平面.这是因为它可以看做由六个全等的等边三角形(或三个全等的菱形)拼合而成的.

【例9】 求证:任意四边形可以铺砌平面.

实际上,"对角线分四边形为两个三角形"这一事实和平行移动的方法,启示我们可以按图 3.10 所示的方法铺砌平面.有趣的是,这种铺砌方法,不仅适用于凸四边形,而且也适用于凹四边形.

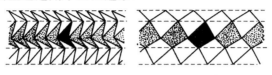

图 3.10

对五边形,以及六条边以上的一般多边形,事情就不那么简单了.

第 3 节　着色问题及其他

1947 年,匈牙利数学竞赛出了这样一道题:证明任何六个人中,总有三个人彼此认识或不认识.后来,在美国图论专家哈拉利(Harary)建议下,又被列为威廉·罗韦尔·普特南数学竞赛试题.从此,这类题目备受青睐.怎样分析这道题? 如果把"人"看做平面上的点,"认识"和"不认识"分别以红线和蓝线段联结来表示,从而可以通过分析构图中三角形的方法来巧妙地解决这一问题,也就是把问题转化为如下图论问题.

【例 10】　任给三三不共线的六个点,每两点用红线段或蓝线段联结,试证:其中一定有边的颜色相同的三角形(叫做单色三角形).

把六个点记为 $A_1,A_2,\cdots,A_6$. 那么五条线段 $A_1A_2,A_1A_3,A_1A_4,A_1A_5$, A_1A_6 分别为两种颜色之一,因此总有三条颜色相同(想想,这是根据什么"原理"?),为确定起见,设三条线段 A_1A_2,A_1A_3,A_1A_4 颜色相同,且为红色(图 3.11(a)中,实线表红色,点画线表蓝色).现在看看 A_2A_3,A_3A_4,A_4A_2 如何:如果其中有一条,例如 A_2A_3 是红色,则 $\triangle A_1A_2A_3$ 为单色三角形;如果它们都是蓝色,则 $\triangle A_2A_3A_4$ 为单色三角形.

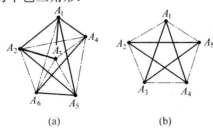

(a)　　　　(b)

图 3.11

当然还可以进而证明,在例 10 的构图中,至少存在两个单色三角形.可是只要减少一点,就可能出现连一个单色三角形也没有的情形(如图 3.11(b)所示).那么,对 7 个点呢? 一般的,设有(三三不共线的)n 个点,每两点以线段联结,得到的图形叫做 n 阶完全图,记作 K_n. 如果 K_n 每边染上 t 种颜色之一,就称 K_n 为 t 色完全图. 例 10 中讨论的是二色完全图 K_6 中单色三角形的个数问题. 研究二色或三色完全图 K_n 中,单色三角形个数(最小值),是困难而有趣的问题. 对 $t=3$,只对少数几个具体的 n,问题已得到解决. 再看一例.

【例 11】 17 位科学家中,每个人都和其他人通信讨论三个题目中的一个,求证:至少有三位科学家相互间讨论同一个题目.

科学家 A_1 和其他 16 位讨论三个题目,$16 = 3 \times 5 + 1$,因此 A_1 至少同其中的 6 位讨论同一题目,设为题目 Ⅰ. 这六位中,如有两位也讨论 Ⅰ,则结论得证. 设这六位间只讨论题目 Ⅱ 和 Ⅲ,应用例 10 的结果,知必有三位讨论同一题目.

例 11 的讨论,实际上证明了三色完全图 K_{17} 至少有一个单色三角形.

除了边着色以外,三角形顶点着色也是颇有趣味的.

【例 12】 将等边 $\triangle ABC$ 边界上的每一点染红色或蓝色. 对任一种染法,问能否找到同色三点构成的直角三角形?

分别在 $\triangle ABC$ 的边 AB, BC, CA 上取点 M, N, P,使
$$\frac{AM}{MB} = \frac{BN}{NC} = \frac{CP}{PA} = \frac{1}{2}$$

则 $\triangle AMP, \triangle BNM, \triangle CPN$ 都是直角三角形(图 3.12),且 M, N, P 三点中,至少两点同色. 不妨设 M, N 同为红色. 如果除 N 外,BC 上还有红点 Q,则 M, N, Q 即为所求. 如果 BC 上除 N 外全是蓝点,那么 AB 上只要有一个蓝点(例如点 R),问题也就解决. 设在 AB 上全是红点,则 N 在 AB 上的射影 S 也是红点,则 M, N, S 为所求.

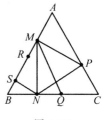

图 3.12

总之,对 $\triangle ABC$ 三边上点的任何一种 2-着色,总可找到同色三点构成直角三角形.

点着色,实际上就是对点进行分类. 用集合的语言,例 12 可以叙述成:设 E 为 $\triangle ABC$ 边界点的集合,对每个把 E 分成两个不相交子集的划分,两个子集中至少有一个包含着直角三角形的三个顶点吗?

【例 13】 用任意方式给平面上的点染黑或白色,求证:一定存在一个边长等于 1 或 $\sqrt{3}$,顶点为单色的正三角形.

和上题一样,用构造法来考虑这个问题. 任作一个单位正 $\triangle ABC$

(图 3.13).如三点同色,则命题得证.现设 A,B 两点不同色:A 为黑色、B 为白色.取点 D,使 $AD = BD = 2$.不妨设 D 与 B 同色.取 AD 中点 E,则 E 为黑或白,不妨设 E 为白,则以 ED 为一边向两侧作正 $\triangle EDF$ 和正 $\triangle EDG$,其边长为 1;正 $\triangle AFG$ 边长为 $\sqrt{3}$. 如 F,G 中有一点(例如 F)为白,则 $\triangle EDF$ 为所求;否则,$\triangle AFG$ 为所求.

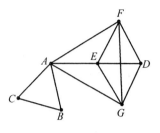

图 3.13

我们知道,坐标平面上纵、横坐标均为整数的点,称为整点;三顶点均为整点的三角形称为整点三角形.如果把平面上整点染红色,非整点染蓝色,那么整点三角形问题也是一种着色问题.

【例 14】 求证:如果整点三角形边上无整点,而内部有唯一整点,则这整点即为三角形重心.

我们把边上(除顶点外)和内部均不含整点的整点三角形称为基本整点三角形.任一整点矩形(四个顶点均为整点的矩形)可划分为若干个基本整点三角形,这些基本整点三角形的角按顶点位置可分为三类:

(1) 顶点为矩形顶点,这种角的总和为 $4 \times 90°$;

(2) 顶点不是矩形顶点但在矩形边上,这类角的总和为 $m \times 180°$(其中 m 是矩形边上除顶点外的整点数);

(3) 顶点在矩形内部,这类角的总和为 $n \times 360°$(其中 n 为矩形内的整点数).

设矩形共划分为 k 个基本整点三角形,则
$$k \times 180° = 4 \times 90° + m \times 180° + n \times 360°$$
$$k = 2n + m + 2 \quad (定数)$$
但有一种分法:先把整点矩形划分为单位正方形,再将每个单位正方形划分为两个等腰的基本整点三角形,其面积均为 $\frac{1}{2}$,那么整点矩形面积 $S = \frac{1}{2}k$.但任意基本整点三角形总有一组底和高均为整数,因此每个基本整点三角形面积 $\geqslant \frac{1}{2}$. 那么,按这种算法,同一整点矩形面积 $S \geqslant \frac{1}{2}k$.但已知 $S = \frac{1}{2}k$,说明 ">" 不会成立.因此,任何基本整点三角形面积 $= \frac{1}{2}$.

设 P 为整点 $\triangle ABC$ 内唯一整点,边上也再无整点,则 $\triangle APB$,$\triangle BPC$,$\triangle CPA$ 均为基本整点三角形,那么

$$S_{\triangle CPA} = S_{\triangle BPC} = S_{\triangle APB} = \frac{1}{2}$$

可见，P 是 $\triangle ABC$ 重心．

关于整点三角形，有人证明了一个有趣的公式

$$S = N + \frac{L}{2} - 1$$

其中 S 为整点三角形面积，N 为内部整点数、L 为周界上的整点数．值得指出的是，上述分类计角的方法，有着广泛的用途．比如，对本章例 4 中的 $P(n)$，即可试用此法去探索它的表达式．

下面的例题则巧妙地运用了本例中分类探讨的思路．一般说来，这样的题目用其他方法不易奏效．

【例 15】 在平面上，任给三三不共线的六个点，证明：可以从中挑出三个点，使得这三点构成的三角形有一个角不小于 $120°$．

六个点可以这样按位置来分类：

(1) 构成凸六边形：凸六边形至少有一个内角 $\geqslant 120°$；

(2) 其中三点构成三角形，或四点构成凸四边形，或五点构成凸五边形，剩下的点在其内部．

图 3.14 提示我们怎样逐一地证明；而且告诉我们，如果把 $120°$ 改成 $120°1''$，结论就不再成立．

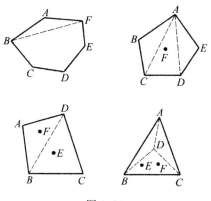

图 3.14

第 4 节 三角形序列

近几年来,对三角形序列(如三角形套)的研究,越来越引起人们的兴趣.

【例 16】 设 $\triangle A_1B_1C_1$ 的内切圆分别切三边于点 A_2, B_2, C_2, $\triangle A_2B_2C_2$ 的内切圆分别切三边于 A_3, B_3, C_3, $\cdots$, $\triangle A_{n-1}B_{n-1}C_{n-1}$ 内切圆分别切三边于 A_n, B_n, C_n, 求 A_n, B_n, C_n, 并证明: $\triangle A_nB_nC_n$ 的极限是(无穷小)正三角形.

由于"相邻"两个三角形的关系总是一样的. 我们考虑 $\triangle A_nB_nC_n$ 同 $\triangle A_{n-1}B_{n-1}C_{n-1}$ 角间的关系(图 3.15). 不难看出

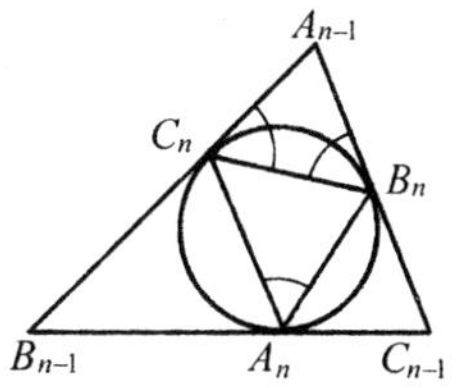

$$A_n = 90° - \frac{1}{2}A_{n-1} \quad (n = 2,3,4,\cdots)$$

图 3.15

这就是 A_n 同 A_{n-1} 间的函数关系式. 为了便于"迭代", 我们把它写成一种"通用"的形式

$$A_n - 60° = -\frac{1}{2}(A_{n-1} - 60°) \quad (n = 2,3,4,\cdots)$$

写出

$$A_{n-1} - 60° = -\frac{1}{2}(A_{n-2} - 60°)$$

$$\vdots$$

$$A_2 - 60° = -\frac{1}{2}(A_1 - 60°)$$

反复代入上式

$$A_n - 60° = \left(-\frac{1}{2}\right)^2 (A_{n-2} - 60°)$$

$$= \cdots = \left(-\frac{1}{2}\right)^{n-1} (A_1 - 60°)$$

$$A_n = \left(-\frac{1}{2}\right)^{n-1} (A_1 - 60°) + 60°$$

同理,得

$$B_n = \left(-\frac{1}{2}\right)^{n-1} (B_1 - 60°) + 60°$$

$$C_n = \left(-\frac{1}{2}\right)^{n-1} (C_1 - 60°) + 60°$$

由于 $\lim\limits_{n\to\infty}\left(-\frac{1}{2}\right)^{n-1} = 0$, 知 $\lim\limits_{n\to\infty} A_n = \lim\limits_{n\to\infty} B_n = \lim\limits_{n\to\infty} C_n = 60°$.

例 16 中的三角形序列,形成了角间的变换.下面我们考察一种由边的变换而形成的一种"边平均三角形序列",并讨论它的一个重要应用.

设 $\triangle ABC$ 边为 a,b,c,面积为 Δ,周长为 L;$\triangle A_1B_1C_1$ 边为 $a_1 = \dfrac{b+c}{2}$,$b_1 = \dfrac{c+a}{2}$,$c_1 = \dfrac{a+b}{2}$,面积为 Δ_1,周长为 L_1,那么,称 $\triangle A_1B_1C_1$ 为 $\triangle ABC$ 的边平均三角形.类似地,定义 $\triangle A_{n-1}B_{n-1}C_{n-1}$ 的边平均三角形 $\triangle A_nB_nC_n$,并以 Δ_n 和 L_n 分别表示面积和周长,那么,容易证明

$$L = L_1 = L_2 = \cdots = L_n$$
$$\Delta \leqslant \Delta_1 \leqslant \Delta_2 \leqslant \cdots \leqslant \Delta_n$$

应用归纳法,不难求出

$$a_n = \frac{1}{2^n}\left[\frac{2^n + (-1)^{n-1}}{3}(b+c) + \frac{2^n + 2(-1)^n}{3}a\right]$$

和 b_n, c_n 的类似表达式.

【例 17】 求证:$\lim\limits_{n\to\infty} \Delta_n$ 存在,且 $\triangle A_nB_nC_n$ 的极限三角形是正三角形.

事实上

$$a_n = \frac{1}{3}\left[(a+b+c) + \frac{(-1)^{n-1}}{2^n}(b+c) + \frac{(-1)^n}{2^{n-1}}a\right]$$

因此

$$\lim_{n\to\infty} a_n = \frac{1}{3}L$$

同样

$$\lim_{n\to\infty} b_n = \lim_{n\to\infty} c_n = \frac{1}{3}L$$

但

$$\Delta_n = \frac{1}{16}\sqrt{L_n(L_n - 2a_n)(L_n - 2b_n)(L_n - 2c_n)}$$

故 $\lim\limits_{n\to\infty}\Delta_n$ 存在,且 $\lim\limits_{n\to\infty}\Delta_n = \Delta_0 \geqslant \Delta$,这里 Δ_0 是边长为 $\dfrac{L}{3}$ 的正三角形的面积.

例 17 的结论,实际上证明了三角形的等周定理.

如果我们称由三角形三条中位线构成的三角形为中位三角形,那么中位三角形序列将收缩为三角形的重心.我们看看这个事实的一个有趣的应用.

【例 18】 求到已知 $\triangle ABC$ 的顶点 A,B,C 距离的平方和为最小的点.

设 P 为任一点,$\triangle A_1B_1C_1$ 为中位三角形(图 3.16).为了应用有关性质,作

▱$PBQC$,于是
$$2(PB^2+PC^2)=PQ^2+BC^2=4PA_1^2+a^2$$
类似地
$$2(PC^2+PA^2)=4PB_1^2+b^2$$
$$2(PA^2+PB^2)=4PC_1^2+c^2$$

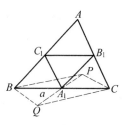

图 3.16

三式相加,所得等式两边各除以 4,记
$\varphi_0(P)=PA^2+PB^2+PC^2$,$\varphi_1(P)=PA_1^2+PB_1^2+PC_1^2$,
于是
$$\varphi_0(P)=\varphi_1(P)+\frac{1}{4}(a^2+b^2+c^2)$$

这就把关于 $\triangle ABC$ 求最小值的问题,归结为关于中位 $\triangle A_1B_1C_1$ 求最小值问题. 考虑 $\triangle A_1B_1C_1$ 的中位 $\triangle A_2B_2C_2$,$\cdots$,$\triangle A_{n-1}B_{n-1}C_{n-1}$ 的中位 $\triangle A_nB_nC_n$,易得
$$\varphi_1(P)=\varphi_2(P)+\frac{1}{4}(a_1^2+b_1^2+c_1^2)$$
$$\vdots$$
$$\varphi_{n-1}(P)=\varphi_n(P)+\frac{1}{4}(a_n^2+b_n^2+c_n^2)$$

其中 $\varphi_k(P)=PA_k^2+PB_k^2+PC_k^2$,$k=1,2,\cdots,n$. 由于 $a_k=\frac{a}{2^k}$,$b_k=\frac{b}{2^k}$,$c_k=\frac{c}{2^k}$,把后面式子反复代入 $\varphi_0(P)$ 的表达式
$$\varphi_0(P)=\varphi_n(P)+\left(\frac{1}{4}+\frac{1}{4^2}+\cdots+\frac{1}{4^n}\right)(a^2+b^2+c^2)$$

当 $n\to\infty$ 时,应用"无穷递缩等比数列各项和公式"
$$\frac{1}{4}+\frac{1}{4^2}+\cdots+\frac{1}{4^n}+\cdots=\frac{1}{3}$$

而这时 $\triangle A_nB_nC_n$ 缩为一点 G($\triangle ABC$ 的重心),即
$$\lim_{n\to\infty}\varphi_n(P)=\lim_{n\to\infty}(PA_n^2+PB_n^2+PC_n^2)=3PG^2$$

因此
$$\varphi_0(P)=3PG^2+\frac{1}{3}(a^2+b^2+c^2)$$

其中 $\frac{1}{3}(a^2+b^2+c^2)$ 为定数,因此,当 P 和重心 G 重合时,$\varphi_0(P)$ 达到自己的最小值 $\varphi_0(G)$.

上面的最后一式还说明：

(1) 当点 P 在任意的 $\odot G$ 上运动时，$\varphi_0(P)$ 为定值；

(2) P 离 G 越近，$\varphi_0(P)$ 越小.

我们知道，任何三角形三条中线，总是可以构成三角形；高却不然. 我们以 $\triangle$ 表示 $\triangle ABC$ 的面积，h_a, h_b, h_c 分别表示 BC, CA, AB 边上的高，则

$$h_a = \frac{2\triangle}{a}, h_b = \frac{2\triangle}{b}, h_c = \frac{2\triangle}{c}$$

于是

$$\begin{cases} h_a + h_b > h_c \\ h_b + h_c > h_a \\ h_c + h_a > h_b \end{cases} \Leftrightarrow \begin{cases} \dfrac{1}{a} + \dfrac{1}{b} > \dfrac{1}{c} \\ \dfrac{1}{b} + \dfrac{1}{c} > \dfrac{1}{a} \\ \dfrac{1}{c} + \dfrac{1}{a} > \dfrac{1}{b} \end{cases}$$

例如，只要 $a > \sqrt{2}$，则边长分别为 $a, a+1, a+2$ 的三角形，其高就能构成三角形. 下面以 $\triangle_i (i=1,2,\cdots)$ 表示三角形 $\triangle_i$ 的面积.

【例 19】 试证：

(1) 如 $\triangle_0$ 的高能构成 $\triangle_1$，则 $\triangle_1$ 的高也能构成三角形.

(2) 按(1)的方法构成的三角形序列 $\triangle_0, \triangle_1, \triangle_2, \cdots$ 是"隔一个相似"的.

证明很简单. 设 $\triangle_0$ 的边为 a_0, b_0, c_0，$\triangle_{i-1}$ 的高为 $a_i, b_i, c_i, i=1,2,\cdots$. 则

$$a_0 a_1 = b_0 b_1 = c_0 c_1 = 2\triangle_0$$

$$a_1 a_2 = b_1 b_2 = c_1 c_2 = 2\triangle_1$$

所以

$$\frac{a_0}{a_2} = \frac{b_0}{b_2} = \frac{c_0}{c_2} = \frac{\triangle_0}{\triangle_1}$$

可见，如 $\triangle_0$ 的高 a_1, b_1, c_1 能构成 $\triangle_1$，则 $\triangle_1$ 的高 a_2, b_2, c_2 同 $\triangle_0$ 各边对应成比例，因此能构成 $\triangle_2$，且 $\triangle_2 \backsim \triangle_0$.

类似地，可以证明

$$\triangle_0 \backsim \triangle_2 \backsim \triangle_4 \backsim \cdots$$
$$\triangle_1 \backsim \triangle_3 \backsim \triangle_5 \backsim \cdots$$

练习 3

1. 举例说明：不是所有的四边形，都能剖分为有限多个全等的三角形.

2. 过 △ABC 重心 G 作直线,将它分为两部分,证明:这两部分的差不大于 $\frac{1}{9}S_{\triangle ABC}$.

3. (1) 用反证法,证明"抽屉原则";

(2) P 为 △ABC 内一点,AP,BP,CP 延长分别交对边于 D,E,F,求证: $\frac{AP}{PD}, \frac{BP}{PC}, \frac{CP}{PA}$ 中,至少有一个不小于 2,一个不大于 2.

4. 试证明:三角形覆盖它的内切圆.

5. △ABC 能覆盖 △$A_1B_1C_1$ 的充分必要条件是什么?

6. 能嵌入 Rt△ABC(直角边 $BC=a$,$CA=b$)的最大正方形的边长是多少?

7. 试证:二色完全图 K_6 至少有 2 个单色三角形.

8. 试证:二色完全图 K_7 至少有 4 个单色三角形.

9. 画图说明,用不等边三角形铺砌平面有多少种方法.用平行四边形呢?

10. 正多边形中,哪几种可以铺砌平面?

11. (1) 试证明:一个三角形的三条中线,必可构成三角形.

(2) △$_0$ 的中线构成 △$_1$,△$_1$ 的中线构成 △$_2$,…. 在三角形序列

$$\triangle_0, \triangle_1, \triangle_2, \cdots, \triangle_{n-1}, \cdots$$

中,试证明

$$\triangle_0 \backsim \triangle_2 \backsim \triangle_4 \backsim \cdots, \triangle_1 \backsim \triangle_3 \backsim \triangle_5 \backsim \cdots$$

(3) 相似比是多少?

12. P 为 △$A_1B_1C_1$ 内一点,A_1P,B_1P,C_1P 延长后分别交对边于 A_2,B_2,C_2,得 △$A_2B_2C_2$. 对 △$A_2B_2C_2$ 如法炮制,得 △$A_3B_3C_3$,…. 试证明:序列 △$A_1B_1C_1$,△$A_2B_2C_2$,…,△$A_nB_nC_n$… 必收缩于点 P.

第4章 三角形边角的一般关系

第1节 基本关系

在 $\triangle ABC$ 中,最基本的关系是:

① $A+B+C=180°$(或 π)$(A,B,C>0)$;
② $a+b>c, b+c>a, c+a>b (a,b,c>0)$.

由此,已能导出很多重要的关系式.

【例1】 在 $\triangle ABC$ 中,求证:

(1) $\dfrac{1}{A^2}+\dfrac{1}{B^2}+\dfrac{1}{C^2} \geqslant \dfrac{27}{\pi^2}$;

(2) $\dfrac{\pi^2}{aA+bB+cC} \leqslant \dfrac{A}{a}+\dfrac{B}{b}+\dfrac{C}{c} \leqslant \dfrac{3\pi}{a+b+c}$(非钝角三角形).

其中等式对且仅对正 $\triangle ABC$ 成立.

我们熟悉基本不等式 $x^3+y^3+z^3 \geqslant 3xyz$(其中 $x \geqslant 0, y \geqslant 0, z \geqslant 0$),两次用它,再用①,就得(1)

$$\dfrac{1}{A^2}+\dfrac{1}{B^2}+\dfrac{1}{C^2} \geqslant 3\sqrt[3]{\dfrac{1}{A^2B^2C^2}}=3\left(\dfrac{1}{\sqrt[3]{ABC}}\right)^2$$
$$\geqslant 3\left(\dfrac{3}{A+B+C}\right)^2=\dfrac{27}{\pi^2}$$

如果知道 $f(x)=\dfrac{x}{\sin x}$ 在区间 $\left(0, \dfrac{\pi}{2}\right]$ 是增函数,再用基本不等式,就可以证明(2). 而(1),(2)中,等号成立条件的充分性是明显的,必要性则属于三角形定型问题,它可由证明过程中所用基本不等式中等号成立的必要条件转化而来.

为了导出更多的关系式,我们还要利用三角形的几何性质和三角函数. 例如:

③ 正弦定理:$\dfrac{a}{\sin A}=2R$;

④ 第一余弦定理
$$a^2 = b^2 + c^2 - 2bc\cos A$$
⑤ 第二余弦定理(或叫射影定理)
$$a = b\cos C + c\cos B$$

这里说一下关于轮换对称的问题. 设 $f(x,y,z)$ 是关于三个字母 x,y,z 的数学式, 如果
$$f(x,y,z) \equiv f(z,x,y) \equiv f(y,z,x)$$
成立, 则 $f(x,y,z)$ 叫做关于 x,y,z 是轮换对称的. 本章我们研究的很多关系式具有这个特点, 这是由任意三角形三边间、三角间的"平等"关系造成的. 如果关于三角形的式子不具有这一特点, 那么就一定有三个. 如三角形三边不等式 ② 就有三个, 正、余弦定理中包含的式子, 也各有三个. 以后, 凡属这种情况的, 我们只写出其中的一个, 因为通过轮换关系, 不难写出另外两个.

⑥ 面积公式:如
$$\Delta = \frac{1}{2}ah_a = \frac{1}{2}ab\sin C = \sqrt{pp_a p_b p_c}$$
$$= pr = \frac{abc}{4R}$$

⑦ 正切定理
$$\frac{a-b}{a+b} = \frac{\tan\dfrac{A-B}{2}}{\tan\dfrac{A+B}{2}}$$

⑧ 半角定理
$$\sin\frac{A}{2} = \sqrt{\frac{p_b p_c}{bc}}, \cos\frac{A}{2} = \sqrt{\frac{pp_a}{bc}}$$
$$\tan\frac{A}{2} = \frac{r}{p_a} = \frac{a^2 - (b-c)^2}{4\Delta}$$

【例2】 求证: $\triangle ABC$ 的三边 a,b,c 满足
$$a(b^2+c^2) + b(c^2+a^2) + c(a^2+b^2) > a^3 + b^3 + c^3 + 2abc$$

可以用比较法试一试

左 − 右 = $a(b^2+c^2-a^2) + b(c^2+a^2-b^2) +$
$\qquad c(a^2+b^2-c^2) - 2abc$
$= a(b^2 - 2bc + c^2 - a^2) + b(c^2 + 2ca + a^2 - b^2) +$
$\qquad c(a^2 - 2ab + b^2 - c^2)$

$$= (a-b+c)[a(-b+c-a) + b(c+a+b) + c(a-b-c)]$$
$$= (a-b+c)(-a^2 + 2ac - c^2 + b^2)$$
$$= (c+a-b)(a+b-c)(b+c-a) > 0$$

由分解的最后结果,不难猜测原不等式的来源.

【例 3】 a,b,c 是三角形三边长,求证
$$a^2b(a-b) + b^2c(b-c) + c^2a(c-a) \geqslant 0$$

并说明上式中的等号在何时成立.

这是 1983 年举行的第 24 届国际数学竞赛的最后一题.后来,我国有不少人提出了自己简单的证明.杨克昌 1986 年给出的证法是通过一个巧妙的代换,并进行因式分解:记 $x = p_a, y = p_b, z = p_c$,从而
$$a = y+z, b = z+x, c = x+y$$

左边 $= (y+z)^2(z+x)(y-x) + (z+x)^2(x+y)(z-y) + (x+y)^2(y+z)(x-z)$
$= 2(xy^3 + yz^3 + zx^3 - x^2yz - xy^2z - xyz^2)$
$= 2[(xy^3 - 2xy^2z + xyz^2) + (yz^3 - 2xyz^2 + x^2yz) + (zx^3 - 2x^2yz + xy^2z)]$
$= 2xy(z-y)^2 + 2yz(x-z)^2 + 2zx(y-x)^2 \geqslant 0$

当且仅当 $x = y = z$ 即 $a = b = c$(即对正三角形)时,等号成立.

上面的解法中,通过代换和配方,使我们顺渡难关.然而,最简洁巧妙的,莫过于联邦德国中学生伯尔哈德·李的证法,他因此而获得这一届数学竞赛的特别奖.

他的证法是:不等式左边表达式可改写为
$$I = a(b-c)^2(b+c-a) + b(a-b)(a-c)(a+b-c)$$

其中第一项 $\geqslant 0$,由于原式关于三个字母轮换对称,故可设 $a \geqslant b$ 且 $a \geqslant c$(或 $a \leqslant b$ 且 $a \leqslant c$),那么第二项 $\geqslant 0$.从而 $I \geqslant 0$.当且仅当两项均为零,即 $a = b = c$ 时 $I = 0$.

看!轮换对称在这个证明中起了关键作用.

可喜的是,在 1984 年 3 月,湖南临澧一中高二学生杨承红提出一个漂亮的证明,是基于下述原理:欲证 $A \geqslant B$,如确认它与 $C \geqslant D$ 同真假,则只要证 $A + C \geqslant B + D$ 就可以了.由于 $I \geqslant 0$ 与 $I' = b^2a(b-a) + c^2b(c-b) + a^2c(a-c) \geqslant 0$ 同真假,而 $I + I' = ab(a-b)^2 + bc(b-c)^2 + ca(c-a)^2 \geqslant 0$,故原不等式成立.

【例4】 试证:正弦定理和余弦定理等价.

由于 $\sin^2 A - \sin^2 B - \sin^2 C = -2\sin B\sin C\cos A$,若正弦定理成立,则
$$b^2 + c^2 - 2bc\cos A = 4R^2(\sin^2 B + \sin^2 C - 2\sin B\sin C\cos A)$$
$$= 4R^2\sin^2 A = a^2$$

反之,由余弦定理: $\cos A = \dfrac{(b^2 + c^2 - a^2)}{2bc}$ 知

$$\frac{a}{\sin A} = \frac{a}{\sqrt{1-\cos^2 A}} = \frac{a}{\sqrt{1-\left(\dfrac{b^2+c^2-a^2}{2bc}\right)^2}}$$

$$= \frac{2abc}{\sqrt{2b^2c^2 + 2c^2a^2 + 2a^2b^2 - a^4 - b^4 - c^4}}$$

$$= \frac{2abc}{4\sqrt{pp_a p_b p_c}} = \frac{abc}{2\Delta} = 2R$$

因最后得出的是关于 a,b,c 的轮换对称式,因而也同时证明了 $\dfrac{b}{\sin B} = \dfrac{c}{\sin C} = 2R$.

【例5】 应用余弦定理,重证例2.

原不等式等价于
$$a(b^2+c^2-a^2) + b(c^2+a^2-b^2) + c(a^2+b^2-c^2) > 2abc$$
即
$$\frac{b^2+c^2-a^2}{2bc} + \frac{c^2+a^2-b^2}{2ca} + \frac{a^2+b^2-c^2}{2ab} > 1$$

由于显然的角间关系式
$$\cos A + \cos B + \cos C = 1 + 4\sin\frac{A}{2}\sin\frac{B}{2}\sin\frac{C}{2} > 1$$

知这是成立的.

上面不仅重新证明了例2,有意思的是还"透露"出了原不等式的另一"来历".

第2节 角间关系式

从 $A+B+C = 180°$ 出发,运用和积互化、倍角公式和各种技巧,已推证出角之间成百个恒等式、不等式.有没有统一的规律呢?

三角形趣谈

先看看正弦三和化积公式

$$\sin A + \sin B + \sin C = 4\cos\frac{A}{2}\cos\frac{B}{2}\cos\frac{C}{2}$$

$$\sin 2A + \sin 2B + \sin 2C = 4\sin A\sin B\sin C$$

$$\sin 3A + \sin 3B + \sin 3C = -4\cos\frac{3A}{2}\cos\frac{3B}{2}\cos\frac{3C}{2}$$

$$\sin 4A + \sin 4B + \sin 4C = -4\sin 2A\sin 2B\sin 2C$$

从中可以看出某些规律：

(1) 积的系数为 ± 4；

(2) 和化积，角化半；

(3) 奇变，偶不变；

(4) 符号变化的周期是 4．

经过验证，它们在一般情形下也对．我们有

定理 1 在 $\triangle ABC$ 中，有 $(k \in \mathbf{N})$

$$\sin kA + \sin kB + \sin kC$$

$$= \begin{cases} 4\sin\dfrac{k\pi}{2}\cos\dfrac{kA}{2}\cos\dfrac{kB}{2}\cos\dfrac{kC}{2} & \text{当 } k=4n\pm 1 \text{ 时} \\ -4\cos\dfrac{k\pi}{2}\sin\dfrac{kA}{2}\sin\dfrac{kB}{2}\sin\dfrac{kC}{2} & \text{当 } k=4n-1\pm 1 \text{ 时} \end{cases}$$

采用通常的三角式变形方法，当 $k=4n\pm 1$ 时

$$\sin kA + \sin kB + \sin kC$$

$$= 2\sin\frac{kA+kB}{2}\cos\frac{kA-kB}{2} + \sin kC$$

$$= \pm 2\sin\left[2n\pi \pm \left(\frac{\pi}{2} \mp \frac{kC}{2}\right)\right]\cos\frac{kA-kB}{2} + \sin kC$$

$$= \pm 2\cos\frac{kC}{2}\cos\frac{kA-kB}{2} + 2\sin\frac{kC}{2}\cos\frac{kC}{2}$$

$$= \pm 2\cos\frac{kC}{2}\left(\cos\frac{kA-kB}{2} + \cos\frac{kA+kB}{2}\right)$$

$$= \pm 4\cos\frac{kC}{2}\cos\frac{kA}{2}\cos\frac{kB}{2}$$

$$= 4\sin\frac{k\pi}{2}\cos\frac{kA}{2}\cos\frac{kB}{2}\cos\frac{kC}{2}$$

另一种情形，可类似推导．

再看余弦的三和化积

$$\cos A + \cos B + \cos C = 1 + 4\sin\frac{A}{2}\sin\frac{B}{2}\sin\frac{C}{2}$$

$$\cos 2A + \cos 2B + \cos 2C = -1 - 4\cos A\cos B\cos C$$

$$\cos 3A + \cos 3B + \cos 3C = 1 - 4\sin\frac{3A}{2}\sin\frac{3B}{2}\sin\frac{3C}{2}$$

$$\cos 4A + \cos 4B + \cos 4C = -1 + 4\cos 2A\cos 2B\cos 2C$$

由此不难发现和证明如下命题:

定理 2 在 $\triangle ABC$ 中,对 $k \in \mathbf{N}$,有

$$\cos kA + \cos kB + \cos kC$$

$$= \begin{cases} 1 + 4\sin\dfrac{k\pi}{2}\sin\dfrac{kA}{2}\sin\dfrac{kB}{2}\sin\dfrac{kC}{2} & \text{当 } k = 4n \pm 1 \text{ 时} \\ -1 - 4\cos\dfrac{k\pi}{2}\cos\dfrac{kA}{2}\cos\dfrac{kB}{2}\cos\dfrac{kC}{2} & \text{当 } k = 4n - 1 \pm 1 \text{ 时} \end{cases}$$

通过对恒等式由左到右的观察对比,我们发现了定理 1 和 2;现在我们来"横向"看一看:由一组公式到另一组公式,角变化同正、余(弦、切)函数记号的变化有什么关系.如果不很明显,我们再看两组公式(凡有 $\tan x$ 出现,即认为 x 非直角)

$$\begin{cases} \tan A + \tan B + \tan C = \tan A\tan B\tan C \\ \tan\dfrac{A}{2}\tan\dfrac{B}{2} + \tan\dfrac{B}{2}\tan\dfrac{C}{2} + \tan\dfrac{C}{2}\tan\dfrac{A}{2} = 1 \end{cases}$$

$$\begin{cases} \cot\dfrac{A}{2} + \cot\dfrac{B}{2} + \cot\dfrac{C}{2} = \cot\dfrac{A}{2}\cot\dfrac{B}{2}\cot\dfrac{C}{2} \\ \cot A\cot B + \cot B\cot C + \cot C\cot A = 1 \end{cases}$$

应用组间对比,北京市第四中学的潘子奇、张静终于发现了"角化半(倍)、正变余"的规律,证明了如下的定理 3.

定理 3 在非直角 $\triangle ABC$ 中,有:

(1) $f(\tan A, \tan B, \tan C) \equiv 0 (\geqslant 0) \Leftrightarrow f\left(\cot\dfrac{A}{2}, \cot\dfrac{B}{2}, \cot\dfrac{C}{2}\right) \equiv 0 (\geqslant 0)$;

(2) $f(\cot A, \cot B, \cot C) \equiv 0 (\geqslant 0) \Leftrightarrow f\left(\tan\dfrac{A}{2}, \tan\dfrac{B}{2}, \tan\dfrac{C}{2}\right) \equiv 0 (\geqslant 0)$.

只需用代换,即可看清楚:$A, B, C \in (0, \pi)$ 且 $\neq \dfrac{\pi}{2}$,则 $\dfrac{A}{2}, \dfrac{B}{2}, \dfrac{C}{2} \in \left(0, \dfrac{\pi}{2}\right)$.命 $A' = \dfrac{\pi}{2} - \dfrac{A}{2}, B' = \dfrac{\pi}{2} - \dfrac{B}{2}, C' = \dfrac{\pi}{2} - \dfrac{C}{2}$,则 $A', B', C' \in (0, \pi)$ 且 $\neq$

$\frac{\pi}{2}$,而 $A' + B' + C' = \pi$. 因此,若 $f(\tan A, \tan B, \tan C) \equiv 0(\geqslant 0)$,则

$$f\left(\cot \frac{A}{2}, \cot \frac{B}{2}, \cot \frac{C}{2}\right) \equiv f(\tan A', \tan B', \tan C')$$
$$\equiv 0(\geqslant 0)$$

反过来也对. 并可类似证明(2).

可同样证明

定理 3' 在 $\triangle ABC$ 中,有:

(1) $f(\sin A, \sin B, \sin C) \equiv 0(\geqslant 0) \Leftrightarrow f\left(\cos \frac{A}{2}, \cos \frac{B}{2}, \cos \frac{C}{2}\right) \equiv 0(\geqslant 0)$;

(2) $f(\cos A, \cos B, \cos C) \equiv 0(\geqslant 0) \Leftrightarrow f\left(\sin \frac{A}{2}, \sin \frac{B}{2}, \sin \frac{C}{2}\right) \equiv 0(\geqslant 0)$.

比如,由不等式 $1 < \cos A + \cos B + \cos C \leqslant \frac{3}{2}$,立刻可知不等式 $1 < \sin \frac{A}{2} + \sin \frac{B}{2} + \sin \frac{C}{2} \leqslant \frac{3}{2}$ 成立. 反之亦然. 他们还把定理 3 推广到凸 n 边形.

【例 6】 有哪些方法可以证明:在 $\triangle ABC$ 中

$$\cos A \cos B \cos C \leqslant \frac{1}{8}$$

例如,有:(1) 积化和差法

$$\cos A \cos B \cos C = \frac{1}{2}(-\cos C + \cos(A-B))\cos C$$
$$= -\frac{1}{2}\left[\cos C - \frac{1}{2}\cos(A-B)\right]^2 + \frac{1}{8}\cos^2(A-B)$$
$$\leqslant \frac{1}{8}\cos^2(A-B) \leqslant \frac{1}{8}$$

(2) 判别式法

$$y = \cos A \cos B \cos C$$
$$= -\frac{1}{2}\cos^2 C + \frac{1}{2}\cos(A-B)\cos C$$

看做关于 $\cos C$ 的二次方程,应用判别式.

(3) 余弦定理法:用第一或第二余弦定理,再用基本不等式(或相反),如

$$\cos A \cos B \cos C = \frac{1}{8abc} 2\sqrt{bc \cos B \cos C} \cdot$$
$$2\sqrt{ca \cos C \cos A} \cdot 2\sqrt{ab \cos A \cos B}$$

$$\leqslant \frac{1}{8abc}(b\cos C+c\cos B)(c\cos A+$$
$$a\cos C)(a\cos B+b\cos A)$$
$$=\frac{1}{8abc}\cdot abc=\frac{1}{8}$$

(4) 递推方法:因有
$$\cos x\cos y=\frac{1}{2}[\cos(x+y)+\cos(x-y)]$$
$$=\cos^2\frac{x+y}{2}-\sin^2\frac{x-y}{2}\leqslant\cos^2\frac{x+y}{2}$$

于是
$$\cos A\cos B\cos C=2\cos A\cos B\cdot\cos C\cos 60°$$
$$\leqslant 2\cdot\cos^2\frac{A+B}{2}\cdot\cos^2\frac{C+60°}{2}$$
$$\leqslant 2\cdot\cos^4\frac{A+B+C+60°}{4}=\frac{1}{8}$$

此法的优点在于它预示了不等式的一种推广:对 $0<x_1,\cdots,x_n<\frac{\pi}{2}$,且 $x_1+\cdots+x_n=$ 定值,有
$$\cos x_1\cos x_2\cdots\cos x_n\leqslant\cos^n\frac{x_1+x_2+\cdots+x_n}{n}$$

【例 7】 在 △ABC 中,求证:

(1) $\cos A+\cos B+\cos C\leqslant\frac{3}{2}$;

(2) $\sin A+\sin B+\sin C\leqslant\frac{3\sqrt{3}}{2}$.

定理 3′ 和例 6 告诉我们: $\sin\frac{A}{2}\sin\frac{B}{2}\sin\frac{C}{2}\leqslant\frac{1}{8}$. 再用余弦三和化积公式,即得(1). 又
$$\sin^2 A+\sin^2 B+\sin^2 C=2+2\cos A\cos B\cos C$$
$$\leqslant 2+\frac{1}{4}=\frac{9}{4}$$
$$(\sin A+\sin B+\sin C)^2\leqslant 3(\sin^2 A+\sin^2 B+\sin^2 C)$$
$$\leqslant\frac{27}{4}$$

两边开方,取算术根,即得(2).

三角形趣谈

【例8】 求证:在 $\triangle ABC$ 中,成立如下不等式串

$$3\sqrt{3}\cos A\cos B\cos C \leqslant \sin A\sin B\sin C$$

$$\leqslant 3\sqrt{3}\sin\frac{A}{2}\sin\frac{B}{2}\sin\frac{C}{2}$$

$$\leqslant \cos\frac{A}{2}\cos\frac{B}{2}\cos\frac{C}{2}$$

$$\leqslant 3\sqrt{3}\sin\frac{\pi-A}{4}\sin\frac{\pi-B}{4}\sin\frac{\pi-C}{4}$$

$$\leqslant \cos\frac{\pi-A}{4}\cos\frac{\pi-B}{4}\cos\frac{\pi-C}{4}$$

$$\leqslant \frac{3\sqrt{3}}{8}$$

所有等号当且仅当 $\triangle ABC$ 为正三角形时成立.

我们说一下证明的思路. 要从如下两个不等式出发:

(1) $\cos\dfrac{A}{2}\cos\dfrac{B}{2}\cos\dfrac{C}{2} \leqslant \dfrac{3\sqrt{3}}{8}$;

(2) $\tan\dfrac{A}{2}\tan\dfrac{B}{2}\tan\dfrac{C}{2} \leqslant \dfrac{\sqrt{3}}{9}$.

例 8 中的不等式,由左到右依次记作 Ⅰ,Ⅱ,…,Ⅵ.

首先,$\dfrac{\pi-A}{2},\dfrac{\pi-B}{2},\dfrac{\pi-C}{2}$ 为一个锐角三角形的内角,分别以之代替(1)中的 A,B,C,即得 Ⅵ;代替(2)中 A,B,C,即得 Ⅴ;Ⅵ 乘以

$$8\sin\frac{\pi-A}{4}\sin\frac{\pi-B}{4}\sin\frac{\pi-C}{4}$$

用倍角公式得 Ⅳ;(2)直接给出 Ⅲ;(1)乘以

$$8\sin\frac{A}{2}\sin\frac{B}{2}\sin\frac{C}{2}$$

得 Ⅱ;若 $\triangle ABC$ 为非锐角三角形,Ⅰ 显然. 若 $\triangle ABC$ 为锐角三角形,则 $\pi-2A,\pi-2B,\pi-2C$ 为一个三角形的内角,以之分别代替(2)中的 A,B,C,得

$$\cot A\cot B\cot C \leqslant \frac{\sqrt{3}}{9}$$

这就是 Ⅰ.

类似地,可以证明如下各不等式串:

(1) $\cot A\cot B\cot C \leqslant \dfrac{8\sqrt{3}}{9}\sin\dfrac{A}{2}\sin\dfrac{B}{2}\sin\dfrac{C}{2}$

$$\leqslant \tan\frac{A}{2}\tan\frac{B}{2}\tan\frac{C}{2}$$

$$\leqslant \frac{8}{27}\cos\frac{A}{2}\cos\frac{B}{2}\cos\frac{C}{2} \leqslant \frac{\sqrt{3}}{9}$$

$$\leqslant \frac{1}{27}\cot\frac{A}{2}\cot\frac{B}{2}\cot\frac{C}{2}$$

(2) $\sin 2A + \sin 2B + \sin 2C \leqslant \sin A + \sin B + \sin C$

$$\leqslant \cos\frac{A}{2} + \cos\frac{B}{2} + \cos\frac{C}{2} \leqslant \frac{3\sqrt{3}}{2}$$

(3) $-(\cos 2A + \cos 2B + \cos 2C) \leqslant \cos A + \cos B + \cos C$

$$\leqslant \sin\frac{A}{2} + \sin\frac{B}{2} + \sin\frac{C}{2} \leqslant \frac{3}{2}$$

(4) $\sin^2 A + \sin^2 B + \sin^2 C \leqslant \cos^2\frac{A}{2} + \cos^2\frac{B}{2} + \cos^2\frac{C}{2} \leqslant \frac{3}{4}$

$$\leqslant 3\left(\sin^2\frac{A}{2} + \sin^2\frac{B}{2} + \sin^2\frac{C}{2}\right)$$

$$\leqslant 3(\cos^2 A + \cos^2 B + \cos^2 C)$$

(5) $3(\cos A\cos B + \cos B\cos C + \cos C\cos A)$

$\leqslant \sin A\sin B + \sin B\sin C + \sin C\sin A$

$\leqslant 3\left(\sin\frac{A}{2}\sin\frac{B}{2} + \sin\frac{B}{2}\sin\frac{C}{2} + \sin\frac{C}{2}\sin\frac{A}{2}\right)$

$\leqslant \cos\frac{A}{2}\cos\frac{B}{2} + \cos\frac{B}{2}\cos\frac{C}{2} + \cos\frac{C}{2}\cos\frac{A}{2}$

$\leqslant \frac{9}{4}$

等号对且仅对正 $\triangle ABC$ 成立.

这些美妙珍贵的结果,是合肥工业大学苏化明在 1986 到 1987 年期间发现的.

第 3 节　边间关系式

三角形边之间的关系,也有以等式形式出现的,如

$$\frac{1}{ab} + \frac{1}{bc} + \frac{1}{ca} = \frac{2p}{abc} = \frac{1}{2Rr}$$

但大多以不等式的形式出现.这一类不等式,常可通过正、余弦定理,由角之间

的不等式转化而来. 比如, 应用上节例 7 和正弦定理, 立得

定理 4 在 $\triangle ABC$ 中
$$a+b+c \leqslant 3\sqrt{3}R$$
等号当且仅当 $a=b=c$ 时成立.

【例 9】 在 $\triangle ABC$ 中, 求证:

(1) $ab+bc+ca \geqslant 4\sqrt{3}\Delta$;

(2) $a^2+b^2+c^2 \geqslant 4\sqrt{3}\Delta$;

(3) $\dfrac{1}{a}+\dfrac{1}{b}+\dfrac{1}{c} \geqslant \dfrac{\sqrt{3}}{R}$;

(4) $(a+b+c)^2 \geqslant 12\sqrt{3}\Delta$;

(5) $a+b+c \geqslant 6\sqrt{3}r$;

(6) $\Delta \geqslant 3\sqrt{3}r^2$.

等号当且仅当 $a=b=c$ 时成立.

由 $(a+b+c)(ab+bc+ca) \geqslant 3\sqrt[3]{abc} \times 3\sqrt[3]{a^2b^2c^2} = 9 \times 4R\Delta$, 及定理 4, 立得(1). 但 $a^2+b^2+c^2 \geqslant ab+bc+ca$, 因此 (2) 成立. (1) 两边除以 abc, 可化成 (3). 2(1)+(2) 就是 (4). 因 $2\Delta=(a+b+c)r$, 由 (4) 即得 (5). 再由 (5) 可得 (6). 读者应沿着这个思路动手作一作.

【例 10】 在 $\triangle ABC$ 和 $\triangle A_1B_1C_1$ 中, 求证:

(1) $a^2a_1^2+b^2b_1^2+c^2c_1^2 \geqslant 16\Delta\Delta_1$;

(2) $\dfrac{1}{aa_1}+\dfrac{1}{bb_1}+\dfrac{1}{cc_1} \geqslant \dfrac{1}{RR_1}$.

其中 R_1 和 Δ_1 分别为 $\triangle A_1B_1C_1$ 的外接圆半径和面积, 等号当且仅当两个三角形均为正三角形时成立.

应用例 9(1) 证明中的技巧, 有
$$(a^2a_1^2+b^2b_1^2+c^2c_1^2)(a+b+c)(a_1+b_1+c_1)$$
$$\geqslant 3\sqrt[3]{(abca_1b_1c_1)^2} \times 3\sqrt[3]{abc} \times 3\sqrt[3]{a_1b_1c_1}$$
$$=3^3 \times 16RR_1\Delta\Delta_1$$

应用定理 4 即得 (1). 可类似证明
$$aba_1b_1+bcb_1c_1+cac_1a_1 \geqslant 16\Delta\Delta_1$$

于是
$$\dfrac{1}{aa_1}+\dfrac{1}{bb_1}+\dfrac{1}{cc_1}=\dfrac{aba_1b_1+bcb_1c_1+cac_1a_1}{abca_1b_1c_1}$$

$$\geqslant \frac{16\Delta\Delta_1}{4R\Delta \cdot 4R_1\Delta_1} = \frac{1}{RR_1}$$

由此可见,例 10 中两个不等式,其内容和证法,可分别看做例 9(1),(3) 的推广和延伸. 能不能对例 10 进一步推广(到三个或多个三角形)?

关于三角形三边间的关系,我们还有一条重要定理.

定理 5 设 a,b,c 为三角形三边,$F(a,b,c)$ 是三元齐次对称多项式,次数不超过 3,那么:

(1) 若 $F(1,1,1), F(1,1,0), F(2,1,1)$ 都非负,则 $F(a,b,c) \geqslant 0$;

(2) 若 $F(1,1,1) > 0$,而 $F(1,1,0), F(2,1,1)$ 非负,则 $F(a,b,c) > 0$;

(3) 若 $F(1,1,1) = 0$,而 $F(1,1,0) > 0, F(2,1,1) \geqslant 0$,则 $F(a,b,c) \geqslant 0$,等号当且仅当 $a = b = c$ 时成立.

证明是重庆第 23 中学高灵给出的. 大体思路是:

定理中说的多项式,每一项都是 3 次(或 2 次、1 次),而且是轮换对称的,它的一般形式是

$$F(a,b,c) = K(a^3 + b^3 + c^3) + L(a^2b + b^2c + c^2a + ab^2 + bc^2 + ca^2) + Mabc$$

不妨设 a 为最大边,则可令 $a = x + y + z, b = x + y, c = y + z, x \geqslant 0, y > 0, z \geqslant 0$. 当且仅当 $x = z = 0$ 时,$a = b = c$. 代入上式,整理,得

$$F(a,b,c) = [c_1(x+z)(x-z)^2 + (c_1 + c_2)(x^2z + xz^2)] +$$
$$[c_3(x-z)^2 + (2c_3 + c_4)xz]y +$$
$$c_5(x+z)y^2 + c_6 y^3$$

多项式"变量"部分都是非负的,就看系数了. 而系数

$$c_1 = F(1,1,0) = 2K + 2L$$
$$c_2 = 3K + 5L + M$$
$$c_3 = \frac{3}{2}c_1 + c_2$$
$$c_4 = -\frac{1}{2}c_1 - c_2 + 4c_6$$
$$c_5 = 2c_6$$
$$c_6 = F(1,1,1) = 3K + 6L + M$$

那么,(1) 当 $F(1,1,0) \geqslant 0, F(1,1,1) \geqslant 0, F(2,1,1) \geqslant 0$ 时

$$c_1 \geqslant 0, c_6 \geqslant 0$$
$$c_1 + c_2 = \frac{1}{2}F(2,1,1) \geqslant 0$$

$$c_3 = \frac{1}{2}c_1 + (c_1 + c_2) \geqslant 0$$

$$2c_3 + c_4 = \frac{5}{2}c_1 + c_2 + 4c_6 \geqslant 0$$

$$c_5 = 2c_6 \geqslant 0$$

可见 $F(a,b,c) \geqslant 0$.

(2) $F(1,1,1) > 0$,则 $c_6 > 0$,由(1)的讨论知 $F(a,b,c) \geqslant c_6 y^3 > 0$(因 $y > 0$).

(3) 可类似地讨论. 等号成立的条件请读者自行验证.

定理 5 的好处在于,通过验证 $F(a,b,c)$ 几个特殊值,即可确定它的符号.

【例 11】 在 $\triangle ABC$ 中,求证:

(1) $abc \geqslant (-a+b+c)(a-b+c)(a+b-c)$;

(2) $a(b-c)^2 + b(c-a)^2 + c(a-b)^2 + 4abc > a^3 + b^3 + c^3$.

对(1)或(2),取 $F(a,b,c) =$ 左 $-$ 右,则 $F(a,b,c)$ 是三次齐式,且是轮换对称的. 分别用定理 5 的(1),(2) 加以验证即可.

读者不妨用定理 5 去验证我们研究过的一些不等式,自能体会出妙趣.

第 4 节 边角之间的关系

在三角形边角之间,除正、余弦定理,半角公式,一部分面积公式以外,还存在着大量的等式和不等式关系. 证明的途径和技巧很多,但都要涉及本章第 1 节中的基本关系.

【例 12】 在 $\triangle ABC$ 中,求证:

(1) $a\sin(B-C) + b\sin(C-A) + c\sin(A-B) = 0$;

(2) $(a-b)^2 \cos^2 \frac{C}{2} + (a+b)^2 \sin^2 \frac{C}{2} = c^2$.

对(1),展开后用正弦定理即可. 对(2),则要用余弦降幂公式

$$左 = (a-b)^2 \frac{1}{2}(1 + \cos C) + (a+b)^2 \cdot \frac{1}{2}(1 - \cos C)$$

$$= a^2 + b^2 - 2ab\cos C = c^2$$

【例 13】 在 $\triangle ABC$ 中,求证:

(1) $(a+b+c)\left(\tan \frac{A}{2} + \tan \frac{B}{2}\right) = 2\cot \frac{C}{2}$;

(2) $r = 4R\sin \frac{A}{2} \sin \frac{B}{2} \sin \frac{C}{2}$;

(3) $\dfrac{\cos A\cos B}{ab}+\dfrac{\cos B\cos C}{bc}+\dfrac{\cos C\cos A}{ca}=\dfrac{\sin^2 A}{a^2}$.

(1)和(2)中都含有半角的三角函数,自可用半角公式试一试. 对(3),似乎与正弦定理有关

$$左=\dfrac{1}{4R^2}(\cot A\cot B+\cot B\cot C+\cot C\cot A)$$

$$=\dfrac{1}{4R^2}=\dfrac{\sin^2 A}{a^2}$$

这里,我们用到了角间的关系式

$$\cot A\cot B+\cot B\cot C+\cot C\cot A=1$$

它很容易由 $\tan A+\tan B+\tan C=\tan A\tan B\tan C$ 导出(对非直角三角形);至于直角三角形情况,可直接验证.

【例 14】 $\triangle ABC$ 的边 a,b,c 成等差数列,求证

$$\dfrac{\sin(A-B)}{\sin A-\sin C}=\dfrac{3a+c}{4c}$$

式子不对称,令人怀疑它是否真的成立. 如把左边分子展开,再用正、余弦定理消去角,注意到 $a+c=2b$,即知它确实成立. 这样的等式还有两个,真的是这样吗?

【例 15】 在 $\triangle ABC$ 中,求证:

(1) $\cot A+\cot B+\cot C\geqslant R\left(\dfrac{1}{a}+\dfrac{1}{b}+\dfrac{1}{c}\right)$;

(2) $2R\left(\dfrac{1-\cos A}{a}+\dfrac{1-\cos B}{b}+\dfrac{1-\cos C}{c}\right)\geqslant\sqrt{3}$.

要证(1),就要把余切用边表示,我们有

$$\cot A=\dfrac{\cos A}{\sin A}=\dfrac{\dfrac{b^2+c^2-a^2}{2bc}}{\dfrac{2\Delta}{bc}}=\dfrac{b^2+c^2-a^2}{4\Delta}$$

于是

$$(1)\ 左=\dfrac{a^2+b^2+c^2}{4\Delta}\geqslant\dfrac{ab+bc+ca}{\dfrac{abc}{R}}$$

$$=R\left(\dfrac{1}{a}+\dfrac{1}{b}+\dfrac{1}{c}\right)$$

由正弦定理可见,(2)等价于

$$\tan\frac{A}{2}+\tan\frac{B}{2}+\tan\frac{C}{2}\geqslant\sqrt{3}$$

再由本章定理 3、本例(1)及 $\frac{1}{a}+\frac{1}{b}+\frac{1}{c}\geqslant\frac{\sqrt{3}}{R}$，知它是成立的.

由以上各例可见,对这种"混合"关系式,用正、余弦定理,化为"钝边"或"钝角"关系式,是"自然"的处理方法.

第 5 节　综合的成功

面对大量三角形关系式,人们想:能否用统一的方法进行推导呢? 苏联人索勒丹和米德曼,致力于此项研究多年,终于获得成功. 他们从几个简单的几何关系式出发,以韦达定理、对称多项式为工具,用统一方法得到 200 多个三角形关系式,有常见的,也有从未见过的. 本节就来介绍这种方法的梗概. 先讲几点预备知识.

韦达定理　三次方程 $ax^3+bx^2+cx+d=0(a\neq 0)$ 的三根 x_1,x_2,x_3 与系数之间,有关系

$$\begin{cases}x_1+x_2+x_3=-\dfrac{b}{a}\\ x_1x_2+x_2x_3+x_3x_1=\dfrac{c}{a}\\ x_1x_2x_3=-\dfrac{d}{a}\end{cases}$$

只要将恒等式 $a(x-x_1)(x-x_2)(x-x_3)=ax^3+bx^2+cx+d$ 左边展开,比较系数即可知. 而且,它的逆命题亦真.

韦达定理中涉及的三元多项式

$$\sigma_1=x_1+x_2+x_3$$
$$\sigma_2=x_1x_2+x_2x_3+x_3x_1$$
$$\sigma_3=x_1x_2x_3$$

都具有轮换对称的性质,以后称为初级对称多项式. 任何三元对称多项式均可由 $\sigma_1,\sigma_2,\sigma_3$ 表示;反过来,凡可由它们表示的多项式(即可表示为 $\sigma_1,\sigma_2,\sigma_3$ 的多项式的),也都是对称多项式. 如

$$\sigma_1^2-2\sigma_2=x_1^2+x_2^2+x_3^2$$
$$\sigma_1^3-3\sigma_1\sigma_2+3\sigma_3=x_1^3+x_2^3+x_3^3$$
$$\sigma_1\sigma_2-\sigma_3=(x_1+x_2)(x_2+x_3)(x_3+x_1)$$

$$\frac{1}{x_1}+\frac{1}{x_2}+\frac{1}{x_3}=\frac{\sigma_2}{\sigma_3}, \frac{1}{x_1x_2}+\frac{1}{x_2x_3}+\frac{1}{x_3x_1}=\frac{\sigma_1}{\sigma_3}$$

$$\frac{1}{x_1^2}+\frac{1}{x_2^2}+\frac{1}{x_3^2}=\frac{\sigma_2^2-2\sigma_1\sigma_3}{\sigma_3^2}$$

最后三式表明,对某些非多项式的对称式,也可以通过 $\sigma_1, \sigma_2, \sigma_3$ 来处理.

一个重要公式. 画出 $\triangle ABC$ 内切圆,即可见

$$p = a + r\cot\frac{A}{2} = 2R\sin A + r\cot\frac{A}{2}$$

索勒丹－米德曼方法依赖于如下定理.

定理 6 三次方程

$$x^3 - 2px^2 + (p^2 + r^2 + 4Rr)x - 4pRr = 0$$

的三个根,恰为 $\triangle ABC$ 的三边 a, b, c.

这是由于

$$a + b + c = 2p = \sigma_1$$

$$p^2 + r^2 + 4Rr = p^2 + \frac{pp_ap_bp_c}{p^2} + 4\cdot\frac{abc}{4\Delta}\cdot\frac{\Delta}{p}$$

$$= ab + bc + ca = \sigma_2$$

$$4pRr = 4p\cdot\frac{abc}{4\Delta}\cdot\frac{\Delta}{p} = abc = \sigma_3$$

推论 $\triangle ABC$ 可由 p, R, r 唯一确定.

【例 16】 在 $\triangle ABC$ 中,求证

$$\sin A\sin B + \sin B\sin C + \sin C\sin A = \frac{p^2 + r^2 + 4Rr}{4R^2}$$

将 $a = 2R\sin A, b = 2R\sin B, c = 2R\sin C$ 代入表达式 $ab + bc + ca = p^2 + r^2 + 4Rr$ 即得. 这说明上述 $\sigma_1, \sigma_2, \sigma_3$ 表达式本身,就是三角形中的重要关系式. 但方程的应用,才是索勒丹－米德曼方法的精髓.

【例 17】 在 $\triangle ABC$ 中,求证:

(1) $\cos A + \cos B + \cos C = \dfrac{R+r}{R}$;

(2) $\dfrac{1}{\cos A} + \dfrac{1}{\cos B} + \dfrac{1}{\cos C} = \dfrac{p^2 + r^2 - 4R^2}{p^2 - (2R+r)^2}$.

将等式

$$p = 2R\sin A + r\cot\frac{A}{2}$$

$$= 2R\sqrt{(1-\cos A)(1+\cos A)} + \sqrt{\frac{1+\cos A}{1-\cos A}}$$

两边平方、整理,得

$$4R^2\cos^3 A - 4R(R+r)\cos^2 A + (p^2+r^2-4R^2)\cos A + (2R+r)^2 - p^2 = 0$$

这说明,$\cos A$(同样,$\cos B$ 和 $\cos C$)是方程

$$4R^2 x^3 - 4R(R+r)x^2 + (p^2+r^2-4R^2)x + (2R+r)^2 - p^2 = 0$$

的根. 应用韦达定理,直接得(1). 注意到 $\dfrac{1}{x_1}+\dfrac{1}{x_2}+\dfrac{1}{x_3}=\dfrac{\sigma_2}{\sigma_3}$,即得(2).

应当指出,定理 6 和例 17 中的方程,"含有"大量三角形关系式.

【例 18】 在 $\triangle ABC$ 中,有:

(1) $(\cot A + \cot B)(\cot B + \cot C)(\cot C + \cot A) = \dfrac{2R^2}{pr}$;

(2) $\tan A + \tan B + \tan C = \tan A \tan B \tan C$.

由于 $\cot\dfrac{A}{2} = \sqrt{1+\cot^2 A} + \cot A$,则

$$p = \frac{2R}{\sqrt{1+\cot^2 A}} + r\sqrt{1+\cot^2 A} + r\cot A$$

将此式去掉根号,整理,就说明 $\cot A$(同样,$\cot B$ 和 $\cot C$)满足方程

$$2prx^3 - (p^2-r^2-4Rr)x^2 + 2prx + (2R+r)^2 - p^2 = 0$$

于是

$$(1)\text{ 的左边} = \sigma_1\sigma_2 - \sigma_3 = \frac{2R^2}{pr}$$

在方程中,命 $x=\dfrac{1}{y}$,得 y 的三次方程,其根为 $\tan A, \tan B, \tan C$,从而得(2)和其他一系列等式.

在第 3 节,我们曾证得 $6\sqrt{3}r \leqslant a+b+c \leqslant 3\sqrt{3}R$,从而得

$$3\sqrt{3}r \leqslant p \leqslant \frac{3\sqrt{3}}{2}R, R \geqslant 2r$$

再应用定理 6,就得到关于 a,b,c 的一系列不等式,如

$$36r^2 \leqslant ab+bc+ca \leqslant a^2+b^2+c^2 \leqslant 9R^2$$

$$24\sqrt{3}r^3 \leqslant abc \leqslant 3\sqrt{3}R^3$$

$$\frac{\sqrt{3}}{R} \leqslant \frac{1}{a}+\frac{1}{b}+\frac{1}{c} \leqslant \frac{\sqrt{3}R}{4r}$$

将正弦定理应用于上述不等式,又可得一系列正弦不等式,如

$$\frac{9r^2}{R^2} \leqslant \sin^2 A + \sin^2 B + \sin^2 C \leqslant \frac{9}{4}$$

将 $R \geqslant 2r$ 用于 $\cos A + \cos B + \cos C = \dfrac{R+r}{R}$，得

$$\frac{3r}{R} \leqslant \cos A + \cos B + \cos C \leqslant \frac{3}{2}$$

将 $3\sqrt{3}\, r \leqslant p \leqslant \dfrac{3\sqrt{3}}{2} R, R \geqslant 2r$ 用于其他余弦不等式，又得

$$\frac{7r - 2R}{2R} \leqslant \cos A \cos B + \cos B \cos C + \cos C \cos A$$

$$\leqslant \frac{3}{4}$$

$$\frac{9r}{4R} - 1 \leqslant \cos A \cos B \cos C \leqslant \frac{1}{8}$$

$$\frac{3}{4} \leqslant \cos^2 A + \cos^2 B + \cos^2 C \leqslant \frac{3(R+r)^2}{R^2}$$

等．

练习 4

在 $\triangle ABC$ 中，求证下列恒等式或不等式成立：

1. (1) $\sin A + \sin B - \sin C = 4\sin\dfrac{A}{2}\sin\dfrac{B}{2}\cos\dfrac{C}{2}$；

(2) $\sin 2A + \sin 2B - \sin 2C = 4\cos A \cos B \sin C$；

(3) $\cos A + \cos B - \cos C + 1 = 4\cos\dfrac{A}{2}\cos\dfrac{B}{2}\sin\dfrac{C}{2}$；

(4) $\cos 2A + \cos 2B - \cos 2C - 1 = -4\sin A \sin B \cos C$．

对上列各式，请考虑能否加以推广．

2. (1) $\sin^2 A + \sin^2 B + \sin^2 C = 2 + 2\cos A \cos B \cos C$；

(2) $\sin^3 A + \sin^3 B + \sin^3 C = 3\cos\dfrac{A}{2}\cos\dfrac{B}{2}\cos\dfrac{C}{2} + \cos\dfrac{3A}{2}\cos\dfrac{3B}{2}\cos\dfrac{3C}{2}$；

(3) $\cos^2 A + \cos^2 B + \cos^2 C = 1 - 2\cos A \cos B \cos C$；

(4) $\cos^3 A + \cos^3 B + \cos^3 C = 1 + 3\sin\dfrac{A}{2}\sin\dfrac{B}{2}\sin\dfrac{C}{2} - \sin\dfrac{3A}{2}\sin\dfrac{3B}{2}\sin\dfrac{3C}{2}$；

(5) $\sin^2\dfrac{A}{2} + \sin^2\dfrac{B}{2} + \sin^2\dfrac{C}{2} = 1 - 2\sin\dfrac{A}{2}\sin\dfrac{B}{2}\sin\dfrac{C}{2}$；

(6) $\sin^2 2A + \sin^2 2B + \sin^2 2C = 2 - 2\cos 2A \cos 2B \cos 2C$.

试问有一般规律吗?

3. (1) $(a+b)\cos C + (b+c)\cos A + (c+a)\cos B = 2p$;

(2) $a^2 + b^2 + c^2 = 2(bc\cos A + ca\cos B + ab\cos C) = 8R^2(1 + \cos A \cos B \times \cos C)$;

(3) $a(b^2+c^2)\cos A + b(c^2+a^2)\cos B + c(a^2+b^2)\cos C = 3abc$;

(4) $4\left(bc\cos^2\dfrac{A}{2} + ca\cos^2\dfrac{B}{2} + ab\cos^2\dfrac{C}{2}\right) = (a+b+c)^2$;

(5) $a\sin\dfrac{A}{2}\sin\dfrac{B-C}{2} + b\sin\dfrac{B}{2}\sin\dfrac{C-A}{2} + c\sin\dfrac{C}{2}\sin\dfrac{A-B}{2} = 0$;

(6) $a^2b^2c^2(\sin 2A + \sin 2B + \sin 2C) = 32\Delta^3$.

4. $\dfrac{\pi}{3} \leqslant \dfrac{aA + bB + cC}{a+b+c} < \dfrac{\pi}{2}$.

5. (1) $\tan\dfrac{A}{2} + \tan\dfrac{B}{2} + \tan\dfrac{C}{2} = \dfrac{1 + \sin\dfrac{A}{2}\sin\dfrac{B}{2}\sin\dfrac{C}{2}}{\cos\dfrac{A}{2}\cos\dfrac{B}{2}\cos\dfrac{C}{2}}$;

(2) $\cot\dfrac{A}{2} + \cot\dfrac{B}{2} + \cot\dfrac{C}{2} = \cot\dfrac{A}{2}\cot\dfrac{B}{2}\cot\dfrac{C}{2}$;

(3) $\cot mA \cot mB + \cot mB \cot mC + \cot mC \cot mA = 1$(其中 $m \in \mathbf{N}$);

(4) $\dfrac{\tan A}{\tan B} + \dfrac{\tan B}{\tan C} + \dfrac{\tan C}{\tan A} + \dfrac{\tan A}{\tan C} + \dfrac{\tan C}{\tan B} + \dfrac{\tan B}{\tan A} = \sec A \sec B \sec C - 2$.

6. $\cot A + \dfrac{\sin A}{\sin B \sin C}$ 是轮换对称式.

7. $\dfrac{\cot\dfrac{A}{2}\cot\dfrac{B}{2}\cot\dfrac{C}{2}}{1 + \cos\dfrac{A}{2}\cos\dfrac{B}{2}\cos\dfrac{C}{2}} > \pi$.

8. (1) $\sin\dfrac{A}{2} \leqslant \dfrac{a}{2\sqrt{bc}}$.

(2) 用(1)证: $\sin\dfrac{A}{2}\sin\dfrac{B}{2}\sin\dfrac{C}{2} \leqslant \dfrac{1}{8}$.

9. (1) $\sin^2 A + \sin^2 B + \sin^2 C \leqslant \dfrac{9}{4}$.

(2) 用(1)证明:

① $a^2 + b^2 + c^2 \leqslant 9R^2$;

② $ab + bc + ca \leqslant 9R^2$;

③ $a + b + c \leqslant 3\sqrt{3}R$;

④ $\sin A + \sin B + \sin C \leqslant \dfrac{3\sqrt{3}}{2}$.

10. 用定理 4,证明:

(1) $abc \leqslant \sqrt{3}R^3$;

(2) $\sin A \sin B \sin C \leqslant \dfrac{3\sqrt{3}}{8}$;

(3) $\dfrac{1}{a} + \dfrac{1}{b} + \dfrac{1}{c} \geqslant \dfrac{\sqrt{3}}{R}$;

(4) $\dfrac{1}{\sin A} + \dfrac{1}{\sin B} + \dfrac{1}{\sin C} \geqslant 2\sqrt{3}$.

11. (1) $\dfrac{1}{a^2} + \dfrac{1}{b^2} + \dfrac{1}{c^2} \geqslant \dfrac{1}{R^2}$.

(2) $\dfrac{1}{\sin^2 A} + \dfrac{1}{\sin^2 B} + \dfrac{1}{\sin^2 C} \geqslant 4$.

(3) $\dfrac{1}{ab} + \dfrac{1}{bc} + \dfrac{1}{ca} \geqslant \dfrac{1}{R^2}$.

(4) $\dfrac{1}{\sin A \sin B} + \dfrac{1}{\sin B \sin C} + \dfrac{1}{\sin C \sin A} \geqslant 4$.

12. (1) $\dfrac{1}{a^4} + \dfrac{1}{b^4} + \dfrac{1}{c^4} \geqslant \dfrac{1}{3R^4}$.

(2) $a^2 b^2 + b^2 c^2 + c^2 a^2 \geqslant 16\Delta^2$.

13. 用 $\sigma_1 = a + b + c, \sigma_2 = ab + bc + ca$ 表示:

(1) $\dfrac{1}{a^3} + \dfrac{1}{b^3} + \dfrac{1}{c^3}$;

(2) $a^4 + b^4 + c^4$;

(3) $a^3 + b^3 + c^3 - 3abc$;

(4) $p p_a p_b p_c$.

14. (1) $\cos A \cos B + \cos B \cos C + \cos C \cos A = \dfrac{p^2 + r^2 - 4R^2}{4R}$.

(2) $\cos A \cos B \cos C = \dfrac{p^2 - (2R + r)^2}{4R^2}$.

(3) $\cos^2 A + \cos^2 B + \cos^2 C = \dfrac{6R^2 + r^2 + 4Rr - p^2}{2R^2}$.

15. (1) $\cot A + \cot B + \cot C \leqslant \dfrac{9}{8} \csc A \csc B \csc C$.

(2) $(b^2 - c^2)\cot A + (c^2 - a^2)\cot B + (a^2 - b^2)\cot C = 0$.

(3) $(\sin A + \sin B + \sin C)(\cot A + \cot B + \cot C) = \dfrac{1}{2}(a^2 + b^2 + c^2)\left(\dfrac{1}{ab} + \dfrac{1}{bc} + \dfrac{1}{ca}\right)$.

16. 设 $\triangle ABC$ 各角正弦的积为 s，各角余弦的积为 c，则各角的正切的积是方程
$$cx^3 - sx^2 + (1+c)x - s = 0$$
的根. 由它可导出什么关系式？

17. 在 $\triangle ABC$ 中，求证：

(1) $D_1 = \begin{vmatrix} \sin^2 A & \cot A & 1 \\ \sin^2 B & \cot B & 1 \\ \sin^2 C & \cot C & 1 \end{vmatrix} = 0$；

(2) $D_2 = \begin{vmatrix} a & \sin^2 \dfrac{A}{2} & \cos^2 \dfrac{A}{2} \\ b & \sin^2 \dfrac{B}{2} & \cos^2 \dfrac{B}{2} \\ c & \sin^2 \dfrac{C}{2} & \cos^2 \dfrac{C}{2} \end{vmatrix} = \dfrac{(a+b+c)(b-c)(c-a)(a-b)}{2abc}$；

(3) $D_3 = \begin{vmatrix} 1 & \cos A & \dfrac{a}{p_a} \\ 1 & \cos B & \dfrac{b}{p_b} \\ 1 & \cos C & \dfrac{c}{p_c} \end{vmatrix} = 0$；

(4) $D_4 = \begin{vmatrix} a & a^2 & \cos^2 \dfrac{A}{2} \\ b & b^2 & \cos^2 \dfrac{B}{2} \\ c & c^2 & \cos^2 \dfrac{C}{2} \end{vmatrix} = 0$.

18. 在 △ABC 中,求证
$$\sin A + \sin B + \sin C \geqslant \sin 2A + \sin 2B + \sin 2C$$

第5章 著名三角形不等式

19世纪以前,人们对三角形的研究,主要在于对"综合的"几何特征的探讨,如共线、共点、共圆、等式关系等.到了20世纪,由于现代数学的进一步发展,人们对三角形中不等式的兴趣骤增,并相继发现了一批优美的三角形不等式和证明不等式的"厉害"方法.

第1节 厄尔多斯－莫德尔不等式

三角形内一点到三边和三顶点的距离之间,有什么关系呢? 厄尔多斯(Erdös)于1935年研究过这个问题.

设 P 为 $\triangle ABC$ 内(或边上)任一点,P 在边 BC,CA,AB 上的射影分别记作 P_1,P_2,P_3(图5.1). 设 $PA=R_1,PB=R_2,PC=R_3,PP_i=r_i$(其中 $i=1,2,3$). 厄尔多斯通过计算和画图,发现

$$R_1+R_2+R_3 \geqslant 2(r_1+r_2+r_3) \tag{1}$$

但没能给出证明.

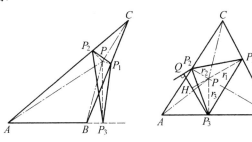

图 5.1

莫德尔(L. J. Mordell)重新研究这个问题时,于1937年发现一个简单初等的证明.他的思路大体如下:

考虑 $\triangle P_1P_2P_3$. 由于 P_1,P_3 在以 $PB=R_2$ 为直径的圆上,根据正弦定理,$R_2 = \dfrac{P_3P_1}{\sin B}$. 同样,$R_3 = \dfrac{P_1P_2}{\sin C}, R_1 = \dfrac{P_2P_3}{\sin A}$. 于是,他用余弦定理计算 P_3P_1. 由于

$\angle P_3PP_1 = 180° - \angle B = \angle C + \angle A$,他写出
$$P_3P_1^2 = r_3^2 + r_1^2 - 2r_3r_1\cos(C+A)$$
$$= r_3^2 + r_1^2 + 2r_3r_1\sin C\sin A - 2r_3r_1\cos C\cos A$$

怎样"配方"呢？他或许写成了
$$P_3P_1^2 = r_3^2(\sin^2 C + \cos^2 C) + r_1^2(\sin^2 A + \cos^2 A) +$$
$$2r_3r_1\sin C\sin A - 2r_3r_1\cos C\cos A$$
$$= (r_3\sin C + r_1\sin A)^2 + (r_3\cos C - r_1\cos A)^2$$
$$\geqslant (r_3\sin C + r_1\sin A)^2$$

发现不行,才又改写为
$$P_3P_1^2 = r_3^2(\sin^2 A + \cos^2 A) + r_1^2(\sin^2 C + \cos^2 C) +$$
$$2r_3r_1\sin A\sin C - 2r_3r_1\cos A\cos C$$
$$= (r_3\sin A + r_1\sin C)^2 + (r_3\cos A - r_1\cos C)^2$$
$$\geqslant (r_3\sin A + r_1\sin C)^2$$

所以
$$P_3P_1 \geqslant r_3\sin A + r_1\sin C$$

同样,写出
$$P_1P_2 \geqslant r_1\sin B + r_2\sin A$$
$$P_2P_3 \geqslant r_2\sin C + r_3\sin B$$

因此
$$R_1 + R_2 + R_3 = \frac{P_2P_3}{\sin A} + \frac{P_3P_1}{\sin B} + \frac{P_1P_2}{\sin C}$$
$$\geqslant \frac{r_2\sin C + r_3\sin B}{\sin A} + \frac{r_3\sin A + r_1\sin C}{\sin B} + \frac{r_1\sin B + r_2\sin A}{\sin C}$$
$$= r_1\left(\frac{\sin B}{\sin C} + \frac{\sin C}{\sin B}\right) + r_2\left(\frac{\sin C}{\sin A} + \frac{\sin A}{\sin C}\right) + r_3\left(\frac{\sin A}{\sin B} + \frac{\sin B}{\sin A}\right)$$
$$\geqslant 2(r_1 + r_2 + r_3)$$

证明中用到的两组不等式,其中等号成立的条件分别是
$$r_3\cos A - r_1\cos C = r_1\cos B - r_2\cos A$$
$$= r_2\cos C - r_3\cos B = 0$$
$$\sin^2 B = \sin^2 C = \sin^2 A$$

因为 $\angle A, \angle B, \angle C$ 为三角形的内角,故由后一组等式知 $\angle A = \angle B = \angle C$,于是,前一组等式给出 $r_1 = r_2 = r_3$. 这就证明了

定理 1(厄尔多斯－莫德尔) 三角形内(或边上)任一点到三顶点的距离之和,不小于它到三边距离之和的 2 倍,对且仅对正三角形的中心二者相等.

不等式(1)也就叫做厄尔多斯-莫德尔不等式.有人说,它是一个"很强"的不等式,但至今未能举出它的多少有价值的特例.比如,有人以为不等式 $R \geqslant 2r$ 是它的特例,实际并不是,因为由不等式(1)并不能直接推出这个不等式.比如,让 P 分别重于内心 I 和外心 O,只能得出
$$R_1 + R_2 + R_3 \geqslant 6r$$
和
$$R \geqslant \frac{2}{3}(r_1 + r_2 + r_3)$$
而如下猜想则是错误的:设 P, Q 为 $\triangle ABC$ 内(或边上)任意两点,P 到三顶点的距离为 p_1, p_2, p_3,Q 到三边的距离为 q_1, q_2, q_3,则
$$p_1 + p_2 + p_3 \geqslant 2(q_1 + q_2 + q_3)$$
因为,比如说,顶角为 $30°$ 的等腰三角形中,同三顶点张角均为 $120°$ 的点到三顶点的距离之和就小于顶角顶点所引高的二倍(这一点,引用第 7 章第 4 节的知识,是很容易证明的).

莫德尔的证明思路是自然的,然而几何意义不明显.1986 年 10 月,陈储梅提出一个富有几何意义的简洁证明:如图 5.1 所示,A, P_2, P_3, P 共圆,$PA = R_1$ 为这圆直径,$P_2P_3 = R_1 \sin A$;作 $P_3Q \parallel BC$,$P_2Q \parallel P_1P$,两线交于点 Q;延长 P_1P,交 P_3Q 于点 H;则 $P_2P_3 \geqslant P_3Q = QH + HP_3 = r_2 \sin C + r_3 \sin B$,从而 $R_1 \geqslant r_2 \dfrac{\sin C}{\sin A} + r_3 \dfrac{\sin B}{\sin A}$;下面的证明,就与莫德尔方法一样了.

值得提出的是,早在 1982 年,上海复兴中学学生李伟就考虑了艾-莫不等式向凸多边形的推广.设凸 n 边形 $A_1A_2\cdots A_n$ 内部(或边上)一点 P 到各边的距离分别为 $r_1, r_2, \cdots, r_n$,他猜想
$$PA_1 + \cdots + PA_n \geqslant \sec \frac{\pi}{n} \cdot (r_1 + \cdots + r_n) \tag{2}$$
李伟自己证明了 $n = 4$ 的情形;并证明,如不等式(2)对 $n = k$ 成立,则对 $n = 2k$ 成立.1983 年,当时的中国科学技术大学学生陈计[①]证明了不等式(2)对 $n = 5, 9, 17$ 成立,直到 1986 年,中国科学技术大学单墫[②]才一举证明了它对 $n \geqslant 3$ 成立,从而完全证明了李伟猜想,用的仍是莫德尔逐步配方的方法.

---

① 陈计现为宁波大学教授.——编者注
② 单墫现为南京师范大学教授.——编者注

第 2 节　外森比克不等式

在第 4 章例 9 中,我们曾用不等式 $a+b+c \leqslant 3\sqrt{3}R$ 推导出一个著名的不等式,这是外森比克(Weitzenböck)在 1919 年发现的不等式

$$a^2 + b^2 + c^2 \geqslant 4\sqrt{3}\Delta \qquad (3)$$

不等式的几何意义是很明显的:三角形三边上正方形面积的和,不小于三角形面积的 $4\sqrt{3}$ 倍;而且,当且仅当 $\triangle ABC$ 为正三角形时,正好相等. 后来,芬斯勒(Finsler)和哈德威格(Hadwiger)把它加强为

$$a^2 + b^2 + c^2 \geqslant 4\sqrt{3}\Delta + (a-b)^2 + (b-c)^2 + (c-a)^2 \qquad (4)$$

等号成立的充要条件不变. 到 20 世纪 80 年代,我国数学工作者对它进行了深入的研究,发现了一系列漂亮的证法.

芬斯勒和哈德威格是怎样发现这个加强不等式的呢?具体情节难以尽知,我们来看看不等式(4)的一个通常的证明思路,其中似有蛛丝马迹可寻,因为

$$b^2 = a^2 + c^2 - 2ac\cos B$$

$$\Delta = \frac{1}{2}ac\sin B$$

所以

$$\begin{aligned}
&a^2 + b^2 + c^2 - 4\sqrt{3}\Delta \\
&= 2a^2 + 2c^2 - 2ac\cos B - 2\sqrt{3}ac\sin B \\
&= 2a^2 + 2c^2 - 4ac\cos(60° - B) \\
&\geqslant 2a^2 + 2c^2 - 4ac \quad (\text{因为 } \cos(60° - B) \leqslant 1) \\
&= 2(a-c)^2 \geqslant 0 \Rightarrow \text{不等式(3)成立}
\end{aligned}$$

如果不略去最后的非负式 $2(a-c)^2$,而是进行如下变换

$$(a-c)^2 = (a-b+b-c)^2$$
$$= (a-b)^2 + (b-c)^2 + 2(a-b)(b-c)$$

不妨设 $a \geqslant b \geqslant c$,则

$$(a-c)^2 \geqslant (a-b)^2 + (b-c)^2$$

因此

$$a^2 + b^2 + c^2 - 4\sqrt{3}\Delta \geqslant (a-b)^2 + (b-c)^2 + (c-a)^2$$

于是得不等式(4).

我们再来欣赏不等式(4)的几个巧妙的证明、思路.

(1) 半角正切公式法. 由
$$\tan\frac{A}{2}+\tan\frac{B}{2}+\tan\frac{C}{2}\geqslant\sqrt{3} \tag{5}$$
即得
$$\frac{a^2-(b-c)^2}{4\Delta}+\frac{b^2-(c-a)^2}{4\Delta}+\frac{c^2-(a-b)^2}{4\Delta}\geqslant\sqrt{3}$$
稍加整理,就化为不等式(4). 这也说明不等式(5)和(4)是一对等价的不等式. 这是发现不等式(4)的又一条可能的途径.

(2) 代换法. 设 $\triangle ABC$ 三边分别被切点分为
$$a=y+z,b=z+x,c=x+y$$
则 $\Delta=\sqrt{(x+y+z)xyz}$,不等式(4)化为
$$(y+z)^2+(z+x)^2+(x+y)^2$$
$$\geqslant 4\sqrt{3}\sqrt{(x+y+z)xyz}+(z-x)^2+(x-y)^2+(y-z)^2$$
展开,整理,得
$$x^2(y-z)^2+y^2(z-x)^2+z^2(x-y)^2\geqslant 0$$
这是个显然的不等式,而整个推理过程可逆,因此,不等式(4)成立.

不等式(3)和(4)有着广泛的应用和多种途径的证明,这不仅说明它有众多的等价命题,而且使我们在运用中不会陷于循环推理的局面.

第3节 匹多不等式

1891年,纽贝格(J. Neuberg)发现了同两个三角形相关的一个不等式
$$H=a_1^2(b^2+c^2-a^2)+b_1^2(c^2+a^2-b^2)+$$
$$c_1^2(a^2+b^2-c^2)\geqslant 16\Delta\Delta_1 \tag{6}$$
(等号当且仅当 $\triangle ABC\backsim\triangle A_1B_1C_1$ 时成立),但没有给予证明. 到20世纪40年代初,美国几何学家匹多(D. Pedoe)那时他还是一个不知名的大学生,发表了对纽贝格不等式的第一个证明. 后来,又有很多数学家,包括匹多本人,对它作了进一步的探讨.

1979年,中国科学技术大学的常庚哲教授把这不等式介绍到我国,并给出一个巧妙的复数证法. 这个有历史意义的证法,大体过程是:

如图5.2所示,以 C 和 C_1 重合的点为原点,大写字母同时表示点和对应的复数,那么
$$a=|B|,b=|A|$$

$$c = |A - B|$$
$$a_1 = |B_1|, b_1 = |A_1|$$
$$c_1 = |A_1 - B_1|$$
$$a_1^2(-a^2 + b^2 + c^2) = B_1\bar{B}_1[-B\bar{B} + A\bar{A} + (A-B)(\bar{A} - \bar{B})]$$
$$= B_1\bar{B}_1[2A\bar{A} - (A\bar{B} + B\bar{A})]$$

同样计算后两项,相加,得
$$H = 2(|A|^2|A_1|^2 + |B|^2|B_1|^2) - (A\bar{B} + \bar{A}B)(A_1\bar{B}_1 + \bar{A}_1 B_1)$$

但 $\triangle ABC$ 和 $\triangle A_1B_1C_1$ 的面积分别为
$$\Delta = \frac{\bar{A}B - A\bar{B}}{4i}, \Delta_1 = \frac{\bar{A}_1 B_1 - A_1 \bar{B}_1}{4i}$$
$$16\Delta\Delta_1 = -(\bar{A}B - A\bar{B})(\bar{A}_1 B_1 - A_1 \bar{B}_1)$$

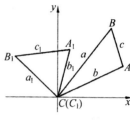

图 5.2

所以
$$H - 16\Delta\Delta_1 = 2(AB_1 - A_1B)\overline{(AB_1 - A_1B)} \geqslant 0$$

等号当且仅当 $AB_1 = A_1B$,即 $a:a_1 = b:b_1$(同理证 $b:b_1 = c:c_1$),也就是 $\triangle ABC \backsim \triangle A_1B_1C_1$ 时成立.

这一介绍,引起了众多的人的兴趣.在短短的几年内,在我国就出现了一、二十种证明.这里,我们只略述云南通海第二中学张在明于 1980 年发表的"普通证法"的思路.变形

$$H = a_1^2(2b^2 - 2ab\cos C) + b_1^2(2a^2 - 2ab\cos C) + (a_1^2 + b_1^2 - 2a_1b_1\cos C_1) \cdot 2ab\cos C$$
$$= 2(a_1^2 b^2 + a^2 b_1^2 - 2a_1 b_1 ab \cos C \cos C_1)$$
$$16\Delta\Delta_1 = 4aba_1b_1 \sin C \sin C_1$$
$$H - 16\Delta\Delta_1 = 2(a_1^2 b^2 + a^2 b_1^2) - 4aba_1b_1\cos(C - C_1)$$
$$\geqslant 2(a_1 b - ab_1)^2 \geqslant 0$$

这同威森波克不等式的证明何其相似!很明显,它也预示了匹多不等式的一种加强形式.

如果把 H 改写为
$$H = (a^2 + b^2 + c^2)(a_1^2 + b_1^2 + c_1^2) - 2(a^2 a_1^2 + b^2 b_1^2 + c^2 c_1^2) \tag{7}$$

那么,匹多不等式的几何意义可以叙述为:两个三角形各自边上正方形面积和的积,同其对应边上正方形面积之积的和的二倍之差,不小于两个三角形面积之积的 16 倍,即 $H \geqslant 16\Delta\Delta_1$. 特别,当 $\triangle ABC \cong \triangle A_1B_1C_1$ 时,得到
$$16\Delta^2 = (a^2 + b^2 + c^2)^2 - 2(a^4 + b^4 + c^4) \tag{8}$$

$$\Delta = \frac{1}{4}\sqrt{(a^2+b^2+c^2)^2 - 2(a^4+b^4+c^4)}$$
$$= \sqrt{pp_a p_b p_c}$$

这就是海伦-秦九韶公式. 可见, 式(8)就是海伦-秦九韶公式的一种变形, 而匹多不等式是它的推广. 有趣的是, 由海伦-秦九韶公式, 或式(8)出发, 可以找到匹多不等式的一种代数证法, 并得到某种加强形式. 由式(8)

$$(a^2+b^2+c^2)(a_1^2+b_1^2+c_1^2)$$
$$= [16\Delta^2 + 2(a^4+b^4+c^4)][16\Delta_1^2 + 2(a_1^4+b_1^4+c_1^4)]$$
$$= [16\Delta\Delta_1 + 2(a^2 a_1^2 + b^2 b_1^2 + c^2 c_1^2)]^2 + K \tag{9}$$

其中
$$K = 32[(a^2\Delta_1 - a_1^2\Delta)^2 + (b^2\Delta_1 - b_1^2\Delta)^2 + (c^2\Delta_1 - c_1^2\Delta)^2] +$$
$$4[(a^2 b_1^2 - b^2 a_1^2)^2 + (b^2 c_1^2 - c^2 b_1^2)^2 + (c^2 a_1^2 - a^2 c_1^2)^2]$$

式(9)移项, 分解因式, 注意到 H 的表达式(7), 并记
$$M = (a^2+b^2+c^2)(a_1^2+b_1^2+c_1^2) + 2(a^2 a_1^2 + b^2 b_1^2 + c^2 c_1^2) + 16\Delta\Delta_1$$

就有
$$H - 16\Delta\Delta_1 = \frac{K}{M} (\geqslant 0)$$

这是匹多不等式一种很强的加强形式, 从中可以导出很多较弱的加强形式.

【例1】 (张景中) 在 $\triangle ABC$ 和 $\triangle A_1 B_1 C_1$ 中, 求证
$$a^2 a_1^2 + b^2 b_1^2 + c^2 c_1^2 \geqslant 16\Delta\Delta_1 \tag{10}$$

在 $\triangle ABC$ 和 $\triangle B_1 C_1 A_1$ 中写出匹多不等式, 再对 $\triangle ABC$ 和 $\triangle C_1 A_1 B_1$ 写出匹多不等式, 两式相加, 并除以 2, 即得不等式(10).

匹多不等式有众多有价值的特例, 如外森比克不等式及其加强. 另外, 我国数学工作者还对它进行了一系列有意义的推广和加强. 如
$$H \geqslant 8\left(\frac{a_1^2+b_1^2+c_1^2}{a^2+b^2+c^2}\Delta^2 + \frac{a^2+b^2+c^2}{a_1^2+b_1^2+c_1^2}\Delta_1^2\right)$$

(彭家贵, 常庚哲)

$$a_1(b+c-a) + b_1(c+a-b) + c_1(a+b-c) \geqslant \sqrt{48\Delta\Delta_1}$$

(高灵)

$$H \geqslant 16\Delta\Delta_1 + \frac{2}{3}[(ab_1 - a_1 b)^2 + (bc_1 - b_1 c)^2 + (ca_1 - c_1 a)^2]$$

(程龙)

第4节　一个"母不等式"的发现

在几何和代数中,如下等式和不等式是司空见惯的
$$a^2 + b^2 + c^2 = 2bc\cos A + 2ca\cos B + 2ab\cos C$$
$$x^2 + y^2 + z^2 \geqslant xy + yz + zx$$

我们不禁这样想:把前一式中 $\triangle ABC$ 的三边 a,b,c 换成三个任意实数 x, y,z,等号会怎样变化? 或者,如果把后一式右边各项分别乘以 $2\cos C,2\cos A$, $2\cos B$,不等号仍然保持吗? 这种联想促使数学家们构造了一道数学竞赛试题,并应用拉格朗日配方法给出了证明.

到 20 世纪 80 年代初,单墫博士把它列为《几何不等式》一书的习题. 1983 到 1984 年期间,合肥工业大学的苏化明,对它进行了深入探讨,张运筹(1984)、秦沁(1985)也相继对它进行开发利用. 结果,发现它具有惊人的概括能力,不愧为一个新的不等式之"母". 我们就来介绍这个不等式.

定理 2　对 $\triangle ABC$ 和任意实数 x,y,z,不等式
$$x^2 + y^2 + z^2 \geqslant 2xy\cos C + 2yz\cos A + 2zx\cos B \qquad (11)$$
成立,其中等号当且仅当 $x:y:z = \sin A:\sin B:\sin C$ 时成立.

别看它用处大,证法却格外"平易",用通常的比较和配方法已知
$$\begin{aligned}
\text{左} - \text{右} &= x^2 - 2x(y\cos C + z\cos B) + y^2 + z^2 - 2yz\cos A \\
&= (x - y\cos C - z\cos B)^2 - (y\cos C + z\cos B)^2 + \\
&\quad y^2 + z^2 + 2yz\cos(B + C) \\
&\geqslant y^2 + z^2 - (y\cos C + z\cos B)^2 + 2yz(\cos B\cos C - \sin B\sin C) \\
&= y^2(1 - \cos^2 C) + z^2(1 - \cos^2 B) - 2yz\sin B\sin C \\
&= (y\sin C - z\sin B)^2 \geqslant 0
\end{aligned}$$

等号当且仅当
$$\begin{cases} y\sin C - z\sin B = 0 \\ x - y\cos C - z\cos B = 0 \end{cases} \qquad (12)$$

即 $x:y:z = \sin A:\sin B:\sin C$ 时成立.

这里,我们稍微说详细一点:不妨设 $xyz \neq 0$,则由式(12)的第一式知,可设 $\dfrac{y}{\sin B} = \dfrac{z}{\sin C} = k$(常数),于是 $y = k\sin B, z = k\sin C$,代入第二式
$$x = k(\sin B\cos C + \cos B\sin C) = k\sin A$$

可见 $x:y:z = \sin A:\sin B:\sin C$. 反之,由 $x:y:z = \sin A:\sin B:\sin C$

也容易证式(12)成立.

由"角化半,正变余"原理(第 4 章定理 $3'$),可见不等式(11)等价于如下有用的变形

$$x^2 + y^2 + z^2 \geqslant 2yz\sin\frac{A}{2} + 2zx\sin\frac{B}{2} + 2xy\sin\frac{C}{2} \tag{13}$$

【例 2】 求证:(1) 对任意实数 x, y, z 和任意 $\triangle ABC$,有
$$xyz(xa^2 + yb^2 + zc^2) \leqslant R^2(xy + yz + zx)^2$$

(2) 对 $\triangle ABC$ 和 $\triangle A_1 B_1 C_1$,有
$$\frac{a^2}{a_1} + \frac{b^2}{b_1} + \frac{c^2}{c_1} \leqslant R^2 \frac{(a_1 + b_1 + c_1)^2}{a_1 b_1 c_1}$$

用正弦定理化边为角,再用比较法
$$R^{-2}(\text{右} - \text{左}) = (xy + yz + zx)^2 - 4xyz(x\sin^2 A + y\sin^2 B + z\sin^2 C)$$
$$= x^2 y^2 + y^2 z^2 + z^2 x^2 + 2x^2 yz(1 - 2\sin^2 A) +$$
$$\quad 2xy^2 z(1 - 2\sin^2 B) + 2xyz^2(1 - 2\sin^2 C)$$
$$= (xy)^2 + (yz)^2 + (zx)^2 - 2xy \cdot zx\cos(\pi - 2C) -$$
$$\quad 2yz \cdot xy\cos(\pi - 2B) - 2zx \cdot yz\cos(\pi - 2C)$$
$$\geqslant 0 \quad (\text{根据定理 2})$$

可见(1) 对;在(1) 中,命 $x = \frac{1}{a_1}, y = \frac{1}{b_1}, z = \frac{1}{c_1}$,整理即得(2).

【例 3】 对 $\triangle ABC$ 和正数 x, y, z,求证
$$x\sin A + y\sin B + z\sin C \leqslant \frac{\sqrt{3}}{2}\left(\frac{yz}{x} + \frac{zx}{y} + \frac{xy}{z}\right) \tag{14}$$

欲证的不等式,可等价地化为
$$x^2 y^2 + y^2 z^2 + z^2 x^2 \geqslant 2x^2 yz\left(\frac{\sqrt{3}}{3}\sin A\right) + 2y^2 zx\left(\frac{\sqrt{3}}{3}\sin B\right) + 2z^2 xy\left(\frac{\sqrt{3}}{3}\sin C\right)$$

由于
$$\sin A + \sin B + \sin C \leqslant \frac{\sqrt{3}}{2}$$

$$\frac{\sqrt{3}}{3}\sin A + \frac{\sqrt{3}}{3}\sin B + \frac{\sqrt{3}}{3}\sin C \leqslant \frac{3}{2}$$

而
$$0 < \frac{\sqrt{3}}{3}\sin A, \frac{\sqrt{3}}{3}\sin B, \frac{\sqrt{3}}{3}\sin C < 1$$

因此,存在 $\triangle A_1 B_1 C_1$ 使

$$\cos A_1 = \frac{\sqrt{3}}{3}\sin A, \cos B_1 = \frac{\sqrt{3}}{3}\sin B$$

$$\cos C_1 = \frac{\sqrt{3}}{3}\sin C$$

那么,欲证的不等式等价于不等式(11).

不等式(14)是瓦新克(Vasinc)于 1964 年证得的不等式,克雷姆金 (Klamkin)在 1984 年把它推广成

$$x\sin A + y\sin B + z\sin C \leqslant \frac{1}{2}(xy+yz+zx)\sqrt{\frac{x+y+z}{xyz}}$$

(x,y,z 为正数).1987 年杨克昌又进一步把它推广成

$$\sqrt{\frac{x}{y+z}}\sin A + \sqrt{\frac{y}{z+x}}\sin B + \sqrt{\frac{z}{x+y}}\sin C$$

$$\leqslant \sqrt{\frac{(x+y+z)^3}{(y+z)(z+x)(x+y)}}$$

(x,y,z 为正数),等号当且仅当

$$\frac{a^2}{x(y+z)} = \frac{b^2}{y(z+x)} = \frac{c^2}{z(x+y)}$$

时成立.

【例 4】 试用不等式(11)推证匹多不等式.

用类似于例 2 的方法,可由不等式(11)推出

$$(xa_1^2 + yb_1^2 + zc_1^2)^2 \geqslant 16(xy+yz+zx)\Delta_1^2$$

令 $x = -a^2 + b^2 + c^2, y = a^2 - b^2 + c^2, z = a^2 + b^2 - c^2$,则

$$H^2 \geqslant 16(2bc\cos A \cdot 2ca\cos B + 2ca\cos B \cdot 2ab\cos C +$$
$$2ab\cos C \cdot 2bc\cos A)\Delta_1^2$$
$$= (16\Delta\Delta_1)^2(\cot A\cot B + \cot B\cot C + \cot C\cot A)^2$$
$$= (16\Delta\Delta_1)^2$$

所以 $H \geqslant 16\Delta\Delta_1$

【例 5】 P 为 $\triangle ABC$ 内一点,以 l_a, l_b, l_c 分别表示 $\triangle BPC, \triangle CPA, \triangle APB$ 的由 P 引的角平分线长,$R_a = PA, R_b = PB, R_c = PC$,则

$$R_a + R_b + R_c \geqslant 2(l_a + l_b + l_c)$$

等号当且仅当 $\triangle ABC$ 为正三角形且 P 为中心时成立.

记 $\angle BPC = \alpha, \angle CPA = \beta, \angle APB = \gamma$(图 5.3),则

$$R_b l_a \sin\frac{\alpha}{2} + R_c l_a \sin\frac{\alpha}{2} = R_b R_c \sin\alpha$$

所以
$$l_a = \frac{2R_bR_c}{R_b+R_c}\cos\frac{\alpha}{2} \leqslant \sqrt{R_bR_c}\cos\frac{\alpha}{2}$$

同样
$$l_b \leqslant \sqrt{R_cR_a}\cos\frac{\beta}{2}, l_c \leqslant \sqrt{R_aR_b}\cos\frac{\gamma}{2}$$

但
$$\frac{\alpha}{2}+\frac{\beta}{2}+\frac{\gamma}{2}=\pi$$

由不等式(11)
$$2(l_a+l_b+l_c) \leqslant 2\sqrt{R_bR_c}\cos\frac{\alpha}{2}+2\sqrt{R_cR_a}\cos\frac{\beta}{2}+$$
$$2\sqrt{R_aR_b}\cos\frac{\gamma}{2} \leqslant R_a+R_b+R_c$$

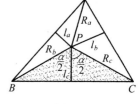

图 5.3

这是厄尔多斯—莫德尔不等式的一个推广.还可以对不等式(11),(13)进行如下推广,其证明过程也类似于不等式(11)和(13).

定理 3 设 x,y,z 为实数,$\triangle ABC$ 为任意三角形,$n \in \mathbf{Z}$,则

$$x^2+y^2+z^2 \geqslant (-1)^n(2yz\cos nA+2zx\cos nB+2xy\cos nC) \quad (15)$$

$$x^2+y^2+z^2 \geqslant \pm\left(2yz\sin\frac{nA}{2}+2zx\sin\frac{nB}{2}+2xy\sin\frac{nC}{2}\right) \quad (16)$$

(在不等式(16)中,$n=4m+1$ 时取"+",$n=4m-1$ 时取"−",$m\in\mathbf{Z}$).

定理 3 给出大量的角之间的不等式.如令 $x=y=z=1$,则:

(1) $\cos nA + \cos nB + \cos nC \leqslant \frac{3}{2}$(其中 n 为偶数);

(2) $-\frac{3}{2} \leqslant \cos nA + \cos nB + \cos nC$(其中 n 为奇数);

(3) $\cos^2 nA + \cos^2 nB + \cos^2 nC \geqslant \frac{3}{4}$(其中 $n\in\mathbf{Z}$);

(4) $\cos nA\cos nB\cos nC \leqslant \frac{1}{8}$(其中 n 为奇数);

(5) $\cos nA\cos nB\cos nC \geqslant -\frac{1}{8}$(其中 n 为偶数);

(6) $|\sin nA+\sin nB+\sin nC| \leqslant \frac{3\sqrt{3}}{2}$(其中 $n\in\mathbf{Z}$);

(7) $\sin^2 nA+\sin^2 nB+\sin^2 nC \leqslant \frac{9}{4}$(其中 $n\in\mathbf{Z}$);

(8) $|\sin nA \sin nB \sin nC| \leqslant \dfrac{3\sqrt{3}}{8}$（其中 $n \in \mathbf{Z}$）；

(9) $\left|\cos \dfrac{nA}{2} + \cos \dfrac{nB}{2} + \cos \dfrac{nC}{2}\right| \leqslant \dfrac{3\sqrt{3}}{2}$（其中 n 为奇数）；

(10) $\cos^2 \dfrac{nA}{2} + \cos^2 \dfrac{nB}{2} + \cos^2 \dfrac{nC}{2} \leqslant \dfrac{9}{4}$（其中 n 为奇数）；

(11) $\left|\cos \dfrac{nA}{2} \cos \dfrac{nB}{2} \cos \dfrac{nC}{2}\right| \leqslant \dfrac{3\sqrt{3}}{8}$（其中 n 为奇数）；

(12) $\sin \dfrac{nA}{2} + \sin \dfrac{nB}{2} + \sin \dfrac{nC}{2} \leqslant \dfrac{3}{2}$（其中 $n = 4m+1, m \in \mathbf{Z}$）；

(13) $\sin \dfrac{nA}{2} + \sin \dfrac{nB}{2} + \sin \dfrac{nC}{2} \geqslant -\dfrac{3}{2}$（其中 $n = 4m-1, m \in \mathbf{Z}$）；

(14) $\sin^2 \dfrac{nA}{2} + \sin^2 \dfrac{nB}{2} + \sin^2 \dfrac{nC}{2} \geqslant \dfrac{3}{4}$（其中 n 为奇数）；

(15) $\sin \dfrac{nA}{2} \sin \dfrac{nB}{2} \sin \dfrac{nC}{2} \leqslant \dfrac{1}{8}$（其中 $n = 4m+1, m \in \mathbf{Z}$）；

(16) $\sin \dfrac{nA}{2} \sin \dfrac{nB}{2} \sin \dfrac{nC}{2} \geqslant -\dfrac{1}{8}$（其中 $n = 4m-1, m \in \mathbf{Z}$）.

这些不等式不是互相孤立的. 如根据"角化半, 正变余"原理, 可以看出 (1), (2) 同 (12), (13) 的联系, (4), (5) 同 (15), (16) 的联系. (3)⇔(14), (6)⇔(9), (7)⇔(10), (8)⇔(11). 应用恒等式

$$\sin^2 \dfrac{nA}{2} + \sin^2 \dfrac{nB}{2} + \sin^2 \dfrac{nC}{2}$$
$$= \dfrac{3}{2} - \dfrac{1}{2}(\cos nA + \cos nB + \cos nC)$$

可知(2)⇔(14), 等.

【例 6】 在 $\triangle ABC$ 中, 求证:

(1) $\sec^2 A + \sec^2 B + \sec^2 C \geqslant 12$;

(2) $\tan^2 A + \tan^2 B + \tan^2 C \geqslant 9$.

在不等式(11)中取 $x = y_1 z_1, y = z_1 x_1, z = x_1 y_1$, 得

$$\dfrac{x_1 y_1}{z_1} + \dfrac{y_1 z_1}{x_1} + \dfrac{z_1 x_1}{y_1} \geqslant 2(x_1 \cos A + y_1 \cos B + z_1 \cos C)$$

再取 $x_1 = \cos A, y_1 = \cos B, z_1 = \cos C$, 得

$$\dfrac{\cos A \cos B}{\cos C} + \dfrac{\cos B \cos C}{\cos A} + \dfrac{\cos C \cos A}{\cos B}$$

$$\geqslant 2(\cos^2 A + \cos^2 B + \cos^2 C) \geqslant 2 \times \frac{3}{4}$$
$$= 12 \times \frac{1}{8} \geqslant 12\cos A\cos B\cos C$$

(推理中用到了上述的(3),(4)),所以
$$\sec^2 A + \sec^2 B + \sec^2 C \geqslant 12$$

应用 $\tan^2 \alpha + 1 = \sec^2 \alpha$,即得(2).

第5节 控制不等式

把现代数学中的控制不等式理论用于三角形研究,使三角形不等式由"手工生产"到大工业式"成批生产",这是意味深长的.本节介绍有关的初步知识.

对实数组 (x_1, x_2, x_3),总可按由大到小的顺序重排成降序,如果两实数组 (x_1, x_2, x_3) 与 (y_1, y_2, y_3) 符合:

(1) $x_1 + x_2 + x_3 = y_1 + y_2 + y_3$;

(2) 两者均重排成降序后,前者第一分量不大于后者第一分量,前者头两个分量和不大于后者头两个分量和.

就说 (x_1, x_2, x_3) 被 (y_1, y_2, y_3) 控制(majorised),记作 $(x_1, x_2, x_3) \prec (y_1, y_2, y_3)$. 如果 (x_1, x_2, x_3) 被 (y_1, y_2, y_3) 控制,且重排后也不相同,就说被严格控制,以"$\ll$"表示. 例如

$$\left(\frac{1}{3}, \frac{1}{3}, \frac{1}{3}\right) \ll \left(\frac{1}{2}, \frac{1}{2}, 0\right)$$
$$\prec \left(\frac{1}{2}, 0, \frac{1}{2}\right) \ll (1, 0, 0)$$

还要用到一点凸函数的知识. 若函数 $y = f(x)$ 对区间 (a, b) 上任意 x_1, x_2,满足(图 5.4)
$$f(\alpha x_1 + (1-\alpha)x_2) \leqslant \alpha f(x_1) + (1-\alpha)f(x_2) \quad (0 < \alpha < 1) \quad (17)$$
就说 $y = f(x)$ 是 (a, b) 上的(下)凸函数. 如果不等式(17)中的不等号改为"$\geqslant$","$<$","$>$",则依次称为凹函数,严格凸函数和严格凹函数. 如函数 $y = ax^2 + bx + c, x \in (-\infty, +\infty)$,当 $a > 0$ 时为严格凸函数,当 $a < 0$ 时为严格凹函数;$y = \sin x$ 在 $(0, \pi)$ 为凹函数,在 $\left[\pi, \frac{3\pi}{2}\right]$ 上为凸函数,等.

现在讨论用以"生产"三角形不等式的几个命题,这是北京师范大学的王伯英介绍和改进的.

定理 4 设 $(x_1,x_2,x_3) \prec (y_1,y_2,y_3), x_i, y_i \in (a,b), i=1,2,3$. 那么,对 (a,b) 上任意凸函数 $f(x)$,都有
$$f(x_1)+f(x_2)+f(x_3) \leqslant f(y_1)+f(y_2)+f(y_3)$$

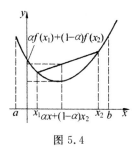

图 5.4

我们要详细介绍证明的思路. 如果两组有一个分量相同,比如 $x_3=y_3$,不妨设 $x_1 \geqslant x_2, y_1 \geqslant y_2$,则由已知条件得 $x_1 < y_1, x_2 > y_2$,故 $y_1 > y_2$. 取
$$\alpha = \frac{x_1-y_2}{y_1-y_2} \quad (\text{显然 } 0 < \alpha < 1)$$
$$1-\alpha = \frac{y_1-x_1}{y_1-y_2}$$
则可算得
$$\alpha y_1 + (1-\alpha) y_2 = x_1, \alpha y_2 + (1-\alpha) y_1 = x_2$$
利用 f 的凸性,即得
$$\begin{aligned}
& f(x_1) + f(x_2) + f(x_3) \\
= & f(\alpha y_1 + (1-\alpha) y_2) + f(\alpha y_2 + (1-\alpha) y_1) + f(y_3) \\
\leqslant & \alpha f(y_1) + (1-\alpha) f(y_2) + \alpha f(y_2) + \\
& (1-\alpha) f(y_1) + f(y_3) \\
= & f(y_1) + f(y_2) + f(y_3)
\end{aligned}$$
真是妙极了,其中最妙的是 α 的选取.

如果有两个分量相同,则由 $x_1+x_2+x_3=y_1+y_2+y_3$ 知,第三个分量也相同. 这种情况不必证.

对三分量均对应不相同的情形,不妨设 $x_1 > x_2 > x_3, y_1 > y_2 > y_3$. 那么,按"控制"定义,就有两种可能的情形(因 $x_1 < y_1, x_3 > y_3$ 是肯定的):

(1) $x_1 < y_1, x_2 > y_2, x_3 > y_3$;
(2) $x_1 < y_1, x_2 < y_2, x_3 > y_3$.

对于(1),取"中间数组"$(x_1, y_1+y_2-x_1, y_3)$;对(2),取中间数组 $(y_1, x_2, y_2+y_3-x_2)$ 就可以了.

在定理 4 中,对严格控制的情形,若为严格凸,则只要把"$\leqslant$"换为"$<$"即可. 对于凹,或严格凹函数,则要分别换为"$\geqslant$"和"$>$".

应用定理 4,主要"工序"在于构造适当的控制不等式. 比如,对任意 $\triangle ABC$ 来说,其最大角不小于 $\frac{\pi}{3}$,最大两角和不小于 $\frac{2\pi}{3}$,任意角或两角和大于零而小

于 π，因此，有：

① $\left(\dfrac{\pi}{3}, \dfrac{\pi}{3}, \dfrac{\pi}{3}\right) \prec (A, B, C) \ll (\pi, 0, 0)$.

类似的分析，可知：

② $\left(\dfrac{\pi}{3}, \dfrac{\pi}{3}, \dfrac{\pi}{3}\right) \prec (A, B, C) \ll \left(\dfrac{\pi}{2}, \dfrac{\pi}{2}, 0\right)$. （锐角或直角三角形）

③ $\left(\dfrac{\pi}{2}, \dfrac{\pi}{4}, \dfrac{\pi}{4}\right) \prec (A, B, C) \ll (\pi, 0, 0)$. （直角或钝角三角形）

【例7】 在 $\triangle ABC$ 中，求证：

(1) $0 < \sin A + \sin B + \sin C \leqslant \dfrac{3\sqrt{3}}{2}$.

(2) $2 < \cos \dfrac{A}{2} + \cos \dfrac{B}{2} + \cos \dfrac{C}{2} \leqslant \dfrac{3\sqrt{3}}{2}$.

由于 $y = \sin x$ 在 $[0, \pi]$ 上严格凹，及控制不等式①，有

$$3\sin \dfrac{\pi}{3} \geqslant \sin A + \sin B + \sin C > \sin \pi + 2\sin 0$$

即(1)成立. 由于 $y = \cos x$ 在 $\left[0, \dfrac{\pi}{2}\right]$ 上严格凹，及控制不等式

$$\left(\dfrac{\pi}{6}, \dfrac{\pi}{6}, \dfrac{\pi}{6}\right) \prec \left(\dfrac{A}{2}, \dfrac{B}{2}, \dfrac{C}{2}\right) \ll \left(\dfrac{\pi}{2}, 0, 0\right)$$

即得

$$3\cos \dfrac{\pi}{6} \geqslant \cos \dfrac{A}{2} + \cos \dfrac{B}{2} + \cos \dfrac{C}{2} > \cos \dfrac{\pi}{2} + 2\cos 0$$

即(2)成立.

还可写出"一批"，如在锐角 $\triangle ABC$ 中

$$2 < \sin A + \sin B + \sin C \leqslant \dfrac{3\sqrt{3}}{2}$$

$$1 < \cos A + \cos B + \cos C \leqslant \dfrac{3}{2}$$

$$\sqrt{2} < \sin \dfrac{A}{2} + \sin \dfrac{B}{2} + \sin \dfrac{C}{2} \leqslant \dfrac{3}{2}$$

$$\sqrt{2} + 1 < \cos \dfrac{A}{2} + \cos \dfrac{B}{2} + \cos \dfrac{C}{2} \leqslant \dfrac{3\sqrt{3}}{2}$$

$$2 < \sqrt{\sin A} + \sqrt{\sin B} + \sqrt{\sin C} \leqslant 3\sqrt[4]{\dfrac{3}{4}}$$

$$\frac{3}{4} \leqslant \sin^2\frac{A}{2} + \sin^2\frac{B}{2} + \sin^2\frac{C}{2} < 1$$

$$2 < \cos^2\frac{A}{2} + \cos^2\frac{B}{2} + \cos^2\frac{C}{2} \leqslant \frac{9}{4}$$

最后三个,可分别用 $\sqrt{\sin x}$ 在 $[0,\pi]$ 上的凹性,$\sin^2 x$ 在 $\left[0,\frac{\pi}{4}\right]$ 上的凸性,和 $\cos^2 x$ 在 $\left[0,\frac{\pi}{4}\right]$ 上的凹性来证明.

如果 $f(x) > 0$,且 $\ln f(x)$ 是 (a,b) 上的凸函数,$(x_1,x_2,x_3) \prec (y_1,y_2,y_3)$,则

$$\ln f(x_1) + \ln f(x_2) + \ln f(x_3)$$
$$\leqslant \ln f(y_1) + \ln f(y_2) + \ln f(y_3)$$

即

$$\ln[f(x_1)f(x_2)f(x_3)] \leqslant \ln[f(y_1)f(y_2)f(y_3)]$$

再由 $\ln x$ 的递增性质,就有

定理 5 设 $(x_1,x_2,x_3) \prec (y_1,y_2,y_3)$,且 $x_i, y_i \in (a,b)$,$i=1,2,3$. 若 $f(x) > 0$,且 $\ln f(x)$ 为 (a,b) 上的凸函数,则

$$f(x_1)f(x_2)f(x_3) \leqslant f(y_1)f(y_2)f(y_3)$$

对于严格控制,以及 $\ln f(x)$ 为凹,严格凸或凹的情形,有相应的结论.

【例 8】 在 $\triangle ABC$ 中,求证

$$0 < \sin A \sin B \sin C \leqslant \frac{3\sqrt{3}}{8}$$

注意到 $\ln \sin x$ 在 $(0,\pi)$ 上是严格凹函数,故

$$\left(\sin\frac{\pi}{3}\right)^3 \geqslant \sin A \sin B \sin C > \sin\pi \sin^2 0$$

类似地,可证

$$0 < \sin A \sin B \sin C \leqslant \frac{1}{2} \quad (\text{钝})$$

$$0 < \sin\frac{A}{2}\sin\frac{B}{2}\sin\frac{C}{2} \leqslant \frac{1}{8} \quad (\text{锐})$$

$$0 < \cos\frac{A}{2}\cos\frac{B}{2}\cos\frac{C}{2} \leqslant \frac{3\sqrt{3}}{8} \quad (\text{任意})$$

$$0 < \cos\frac{A}{2}\cos\frac{B}{2}\cos\frac{C}{2} \leqslant \frac{1}{4}(\sqrt{2}+1) \quad (\text{钝})$$

$$\frac{1}{2} < \cos\frac{A}{2}\cos\frac{B}{2}\cos\frac{C}{2} \leqslant \frac{3\sqrt{3}}{8} \quad (锐)$$

【例9】 试证:关于 $\triangle ABC$ 三边,有:

(1) $\left(\dfrac{2p}{3},\dfrac{2p}{3},\dfrac{2p}{3}\right) \prec (a,b,c) \ll (p,p,0)$. (任意)

(2) $((\sqrt{2}-1)2p,(2-\sqrt{2})p,(2-\sqrt{2})p) \prec (a,b,c) \ll (p,p,0)$. (钝)

仅考虑(2).不妨设 $a \geqslant b \geqslant c$. 对钝角三角形来说,有
$$a^2 \geqslant b^2 + c^2 \geqslant 2bc, \quad 2a^2 \geqslant (b+c)^2$$
$$\sqrt{2}a \geqslant b+c, \quad (\sqrt{2}+1)a \geqslant 2p$$

因此,$(\sqrt{2}-1)2p \leqslant a$ 且
$$(\sqrt{2}-1)2p + (2-\sqrt{2})p = \sqrt{2}p \leqslant a+b$$

以及
$$(\sqrt{2}-1)2p + (2-\sqrt{2})p + (2-\sqrt{2})p$$
$$= 2p = a+b+c$$

即知(2)对.

应用这些控制不等式,和 x^2 为凸函数,$\ln(2p-x)$,$\ln(p-x)$ 在相应区间上的凹性,可"生产"一批关于三角形边的不等式

$$\frac{1}{3} < \frac{a^2+b^2+c^2}{(a+b+c)^2} < \frac{1}{2} \quad (任意)$$

$$6-4\sqrt{2} \leqslant \frac{a^2+b^2+c^2}{(a+b+c)^2} < \frac{1}{2} \quad (钝)$$

$$\frac{1}{4} < \frac{(a+b)(b+c)(c+a)}{(a+b+c)^3} < \frac{8}{27} \quad (任意)$$

$$\frac{1}{4} < \frac{(a+b)(b+c)(c+a)}{(a+b+c)^3} \leqslant \frac{2-\sqrt{2}}{2} \quad (钝)$$

$$\Delta \leqslant \frac{p^2}{3\sqrt{3}} \quad (任意)$$

$$\Delta \leqslant (3-2\sqrt{2})p^2 \quad (钝)$$

练习 5

1. 仿莫德尔方法,证明:以三角形内任一点在三边上射影为顶点的三角形,

其周长 $\leqslant \dfrac{2\Delta}{R}$.

2. D,E,F 为锐角 $\triangle ABC$ 外心 O 在三边的射影,则
$$a+b+c > 2(OD+OE+OF)$$

3. I 为 $\triangle ABC$ 的内心,求证:$AI+BI+CI \geqslant 6r$.

4. 三圆交于一点,它们的半径分别为 R_1,R_2,R_3,三条公共弦长分别为 l_1,l_2,l_3,求证
$$l_1+l_2+l_3 \leqslant R_1+R_2+R_3$$

5. 试证下列不等式的等价性:

(1) $a^2+b^2+c^2 \geqslant 4\sqrt{3}\Delta + (a-b)^2+(b-c)^2+(c-a)^2$;

(2) $\dfrac{1}{a}+\dfrac{1}{b}+\dfrac{1}{c} - \dfrac{a^2+b^2+c^2}{2abc} \geqslant \dfrac{2\sqrt{3}\Delta}{abc}$;

(3) $\dfrac{1}{a}+\dfrac{1}{b}+\dfrac{1}{c} - \left(\dfrac{\cos A}{a}+\dfrac{\cos B}{b}+\dfrac{\cos C}{c}\right) \geqslant \dfrac{\sqrt{3}}{2R}$;

(4) $2R\left(\dfrac{1-\cos A}{a}+\dfrac{1-\cos B}{b}+\dfrac{1-\cos C}{c}\right) \geqslant \sqrt{3}$;

(5) $\tan\dfrac{A}{2}+\tan\dfrac{B}{2}+\tan\dfrac{C}{2} \geqslant \sqrt{3}$;

(6) $\left(\tan\dfrac{A}{2}+\dfrac{1}{2}\tan\dfrac{B}{2}-\dfrac{\sqrt{3}}{2}\right)^2+\dfrac{3}{4}\left(\tan\dfrac{B}{2}-\dfrac{\sqrt{3}}{3}\right)^2 \geqslant 0$.

6. 在 $\triangle ABC$ 和 $\triangle A'B'C'$ 中,求证
$$(aa'+bb'+cc')^2 \geqslant 4\Delta\Delta'$$

7. 应用匹多不等式,推证:

(1) $a^2+b^2+c^2 \geqslant 4\sqrt{3}\Delta$;

(2) $a^2+b^2+c^2 \geqslant 4\sqrt{3}\Delta + (a-b)^2+(b-c)^2+(c-a)^2$.

8. 设
$$f(x)=x^2+y^2+z^2-2yz\cos A-2zx\cos B-2xy\cos C$$
为 x 的函数,用判别式法,求证:$f(x) \geqslant 0$.

9. 试证:匹多不等式等价于
$$Q = \cot A(\cot B_1+\cot C_1) + \cot B(\cot C_1+\cot A_1) + \cot C(\cot A_1+\cot B_1) \geqslant 2$$

10. 求证:对 $\triangle ABC$ 和实数 x,y,z,有
$$16(xy+yz+zx)\Delta^2 \leqslant (xa^2+yb^2+zc^2)^2$$

11. 在 $\triangle ABC$ 中,求证:

(1) $a^2 + b^2 + c^2 \leqslant 9R^2$;

(2) $abc \leqslant R^2(a+b+c)$;

(3) $R \geqslant \dfrac{\sqrt{3}\, abc}{a^2+b^2+c^2}$.

12. 求证:若控制不等式 $(\alpha, \beta, \gamma) < (a, b, c)$ 成立,则 $\left(\dfrac{\alpha}{2}, \dfrac{\beta}{2}, \dfrac{\gamma}{2}\right) < \left(\dfrac{a}{2}, \dfrac{b}{2}, \dfrac{c}{2}\right)$ 成立;反之亦然.

13. $\cos x$ 在 $\left[0, \dfrac{\pi}{2}\right]$ 上为凹函数,试证: $\sin^2 x$ 与 $\cos^2 x$ 在区间 $\left[0, \dfrac{\pi}{4}\right]$ 上分别为凸函数和凹函数.

14. 在钝角 $\triangle ABC$ 中,求证
$$0 < \sin A + \sin B + \sin C \leqslant 1 + \sqrt{2}$$

第6章　三角形关系式的应用

我们研究三角形边角关系,获得了大量优美的等式和不等式,它们在进一步考查三角形其他元素间的关系、研究三角形定型和极值问题中,有着广泛的应用.

第1节　面积关系及其应用

三角形面积,是表征三角形整体性质的一个数量指标.它有如下几条重要性质:

(1) $\Delta \geqslant 0$,当且仅当三顶点共线时,$\Delta = 0$;

(2) 全等三角形面积相等;

(3) 三角形面积等于它各部分面积的和.

三角形众多的面积公式中,最基本的是底高公式 $\Delta = \frac{1}{2} a h_a$(圭田求积公式,我国刘徽早在公元 3 世纪已导出这一公式).它是推导其他面积公式和对三角形进行等积变形的基础.两边夹角公式 $\Delta = \frac{1}{2} ab \sin C$,不仅表明 $\sin C \geqslant 0$,蕴涵了正弦定理,而且预示了直角三角形的一个极值性质.两角夹边公式 $\Delta = \frac{a^2 \sin B \sin C}{\sin(B+C)}$,则预示了等腰三角形的极大性质.而海伦(Heron,约 100 年)公式 $\Delta = \sqrt{p p_a p_b p_c}$ 和秦九韶在 1247 年给出的三斜求积公式 $\Delta = \sqrt{\frac{1}{4} \left[a^2 b^2 - \left(\frac{a^2 + b^2 - c^2}{4} \right)^2 \right]}$,都暗含三角形等周问题的解.数以百计而形态各异的三角形面积公式,不仅从各个侧面揭示了三角形的结构特征,而且形成了一条巨大的仍在迅速延伸中的三角形恒等式链,成为探索三角形和其他几何图形奥妙的金桥和锐利武器.

【例 1】　求证(其中 r_a, r_b, r_c 为旁切圆半径):

(1) $\Delta = pr$;

(2) $\Delta = p_a r_a$;

(3) $\Delta = \sqrt{r r_a r_b r_c}$;

(4) $\Delta = \dfrac{r_a r_b r_c}{\sqrt{r_a r_b + r_b r_c + r_c r_a}}$;

(5) $\Delta = p p_a \tan \dfrac{A}{2}$;

(6) $\Delta = p^2 \tan \dfrac{A}{2} \tan \dfrac{B}{2} \tan \dfrac{C}{2}$.

这些公式的推证,将反映构思和变形之巧,我们略述如下,供大家参考.

应用性质(3)和底高公式(图 6.1)

$$\Delta = S_{\triangle OBC} + S_{\triangle OCA} + S_{\triangle OAB} = \frac{1}{2} r(a+b+c) = pr$$

由 $\dfrac{r_a}{p} = \dfrac{r}{p_a}$,得 $p_a r_a = pr$,可见

$$\Delta^4 = pr \cdot p_a r_a \cdot p_b r_b \cdot p_c r_c$$
$$= p p_a p_b p_c \cdot r r_a r_b r_c = \Delta^2 r r_a r_b r_c$$
$$\Delta^2 = r r_a r_b r_c$$

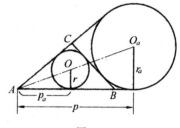

图 6.1

因此(1)~(3)不假.又由 $p = p_a + p_b + p_c$,知

$$\frac{1}{r} = \frac{1}{r_a} + \frac{1}{r_b} + \frac{1}{r_c}$$

$$r = \frac{r_a r_b r_c}{r_a r_b + r_b r_c + r_c r_a}$$

所以
$$\Delta^2 = r r_a r_b r_c = \frac{r_a^2 r_b^2 r_c^2}{r_a r_b + r_b r_c + r_c r_a}$$

于是得(4).由于 $p_a \tan \dfrac{A}{2} = r$,可见 $\Delta = pr = p p_a \tan \dfrac{A}{2}$,顺水推舟,即得(6)

$$\Delta = \frac{\Delta^2}{\Delta} = \frac{r r_a r_b r_c}{\Delta} = p^2 \cdot \frac{r_a}{p} \cdot \frac{r_b}{p} \cdot \frac{r_c}{p}$$
$$= p^2 \tan \frac{A}{2} \tan \frac{B}{2} \tan \frac{C}{2}$$

还有许多优美的面积公式,如:

(7) $\Delta = \dfrac{abc}{4R}$;

(8) $\Delta = 2R^2 \sin A \sin B \sin C$;

(9) $\Delta = \dfrac{2abc}{a+b+c} \cos \dfrac{A}{2} \cos \dfrac{B}{2} \cos \dfrac{C}{2}$;

$(10)\Delta = \left(\dfrac{a^2}{\sin A} + \dfrac{b^2}{\sin B} + \dfrac{c^2}{\sin C}\right)\sin\dfrac{A}{2}\sin\dfrac{B}{2}\sin\dfrac{C}{2}$;

$(11)\Delta = \dfrac{1}{12}[(a^2+b^2)\sin 2C + (b^2+c^2)\sin 2A + (c^2+a^2)\sin 2B]$;

$(12)\Delta = \dfrac{2p^2\sin A\sin B\sin C}{(\sin A + \sin B + \sin C)^2}$;

$(13)\Delta = \sqrt{\dfrac{a^4+b^4+c^4}{8(\cot^2 A + \cot^2 B + \cot^2 C + 1)}}$;

$(14)\Delta = \dfrac{p^2}{\cot\dfrac{A}{2} + \cot\dfrac{B}{2} + \cot\dfrac{C}{2}}$;

$(15)\Delta = \dfrac{a^2}{2(\cot B + \cot C)}$;

$(16)\Delta = \dfrac{a^2(\cos(B-C) + \cos A)}{4\sin A}$;

$(17)\Delta = \dfrac{1}{4}(a^2\sin 2B + b^2\sin 2A)$.

还有两个用中线和高求面积的公式：

$(18)\Delta = \dfrac{1}{3}\sqrt{(m_a+m_b+m_c)(m_b+m_c-m_a)} \times$
$\sqrt{(m_a+m_c-m_b)(m_a+m_b-m_c)}$;

$(19)\Delta = \dfrac{1}{\sqrt{\left(\dfrac{1}{h_a}+\dfrac{1}{h_b}+\dfrac{1}{h_c}\right)\left(\dfrac{1}{h_b}+\dfrac{1}{h_c}-\dfrac{1}{h_a}\right)}} \times$
$\dfrac{1}{\sqrt{\left(\dfrac{1}{h_c}+\dfrac{1}{h_a}-\dfrac{1}{h_b}\right)\left(\dfrac{1}{h_a}+\dfrac{1}{h_b}-\dfrac{1}{h_c}\right)}}$.

推导这些公式，自然是很好的练习.

应用底高求积公式，我们可以推导几条非常有用的定理.

定理 1(共边定理)　$\triangle ABC$ 与 $\triangle ABD$ 的面积比，等于线段 CD 被直线 AB 所分成的两部分的比.

图 6.2 画出了可能出现的四种基本情形，易见

$$\dfrac{S_{\triangle ABC}}{S_{\triangle ABD}} = \dfrac{\dfrac{1}{2}ch_c}{\dfrac{1}{2}ch_d} = \dfrac{h_c}{h_d} = \dfrac{CE}{DE}$$

它的逆命题也是真的:如线段 CD 或其延长线上一点 E,使 $\dfrac{S_{\triangle ABC}}{S_{\triangle ABD}} = \dfrac{CE}{DE}$,且 CD 不平行于 AB,则 E 在直线 AB 上.

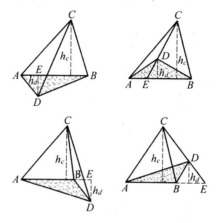

图 6.2

【例 2】 任意四边形两条对角线中点和两组对边延长线交点连线的中点,这三点共线(牛顿线).

题目中说的三个中点,记为 P,Q,R(图 6.3),那么可写出一系列面积等式

$$S_{\triangle GQC} = \dfrac{1}{2} S_{\triangle GBC}$$

$$S_{\triangle QCP} = \dfrac{1}{2} S_{\triangle AQC}$$

$$S_{\triangle GCP} = \dfrac{1}{2} S_{\triangle GCA}$$

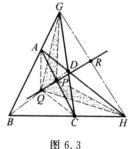

图 6.3

共边定理逆命题启示我们,只要证 $S_{\triangle GQP} = S_{\triangle HQP}$,即知 P,Q,R 三点共线,而由计算可知,它们都等于 $\dfrac{1}{4} S_{四边形ABCD}$.

20 世纪 50 年代,我国对四边形(记为 $ABCD$)的牛顿线(也叫做完全四边形 $ABCDGH$ 的中点线)进行了颇多研究,到 20 世纪 80 年代,胡森和汪东明在数学家吴文俊先生的指导下,应用微型机发现并证明了:由五条两两相交但三三不共点的线段构成的完全五边形中,所包含的五个完全四边形的牛顿线共点. 对此,已给出了"手工的"解析证明.

对于三角形内任一点到三边的距离问题,我们已经证明了著名的厄尔多

斯－莫德尔不等式,而事实上,"三角形内一点"这课题,是非常丰富的,本章我们将给出与它有关的定理(定理2)和一组重要不等式(例10).以后,当我们研究"垂足三角形"时,还会接触到它.

用面积公式和正弦定理,杨世明于20世纪60年代得到:

定理2 三角形内(或边上)任意一点到各边的距离与其对角正弦乘积的和为定值,这定值等于三角形面积同其外接圆半径的比.

由图6.4可以写出

$$\frac{1}{2}ad_a + \frac{1}{2}bd_b + \frac{1}{2}cd_c = \Delta$$

再用正弦定理

$$a = 2R\sin A, b = 2R\sin B$$
$$c = 2R\sin C$$

即知

$$d_a\sin A + d_b\sin B + d_c\sin C = \frac{\Delta}{R} \quad (1)$$

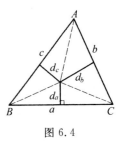

图 6.4

这个看似简单的定理,包含着一系列重要命题,如著名的维维安尼定理(见第7章)和等腰三角形、等腰梯形定值定理等,都可作为定理2的特例.定理2的一个特例的逆命题,我们将在后面研究三角形定型问题时予以介绍.

作为本节的结束,我们介绍用三角形面积表示五边形面积的一个鲜为人知的漂亮命题.

【**例3**】 (麦比乌斯)在五边形 $ABCDE$ 中,三角形 ABC,BCD,CDE,DEA,EAB 的面积分别为 a,b,c,d,e,则五边形面积 S 满足(图6.5)

$$S^2 - (a+b+c+d+e)S + (ab+bc+cd+de+ea) = 0 \quad (2)$$

我们看看式(2)意味着什么.首先,把式(2)变形为

$$(S-b-d)(S-c-a) - (S-a-d)e - ad = 0$$

我们看出,这就是

$$S_{\triangle ABD} \cdot S_{\triangle ACE} - S_{\triangle ACD} \cdot S_{\triangle ABE} - S_{\triangle ABC} \cdot S_{\triangle ADE} = 0 \quad (3)$$

设 $AB = l, AC = m, AD = n, AE = p, \angle BAC = \alpha,$ $\angle CAD = \beta, \angle DAE = \gamma$,应用两边夹角求积公式,式(3)就等价地化为

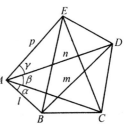

图 6.5

$$\frac{1}{2}\ln\sin(\alpha+\beta)\cdot\frac{1}{2}mp\sin(\beta+\gamma)-$$

$$\frac{1}{2}mn\sin\beta\cdot\frac{1}{2}lp\sin(\alpha+\beta+\gamma)-$$

$$\frac{1}{2}lm\sin\alpha\cdot\frac{1}{2}np\sin\gamma=0$$

或即

$$\sin(\alpha+\beta)\sin(\beta+\gamma)-\sin\beta\sin(\alpha+\beta+\gamma)-\sin\alpha\sin\gamma=0 \qquad (4)$$

能证明式(4)成立吗？这是不难的.

第 2 节 三角形其他元素间的关系

三角形的边角关系和面积关系，是发现和推证其他元素间关系的工具和思维动因.

【例 4】 在 $\triangle ABC$ 中，求证：

(1) $r_a + r_b + r_c = 4R + r$；

(2) $(r_a - r)(r_b - r)(r_c - r) = 4Rr^2$.

应用图形来证明(1)是相当困难的，但通过与边角关系或面积公式挂钩，就可简单明确地推得，例如

$$r_a + r_b + r_c - r = \frac{\Delta}{p_a} + \frac{\Delta}{p_b} + \frac{\Delta}{p_c} - \frac{\Delta}{p}$$

$$= \frac{\Delta}{p p_a p_b p_c}(p_b p_c p + p_c p_a p + p_a p_b p - p_a p_b p_c)$$

$$= \frac{\Delta}{\Delta^2}\{p[3p^2 - 2(a+b+c)p + (ab+bc+ca)] -$$

$$[p^3 - (a+b+c)p^2 + (ab+bc+ca)p - abc]\}$$

$$= \frac{1}{\Delta}[2p^3 - (a+b+c)p^2 + abc]$$

$$= \frac{abc}{\Delta} = 4R$$

如果与角挂钩，可证明如下

$$r_a + r_b + r_c - r = 4R\left(\sin\frac{A}{2}\cos\frac{B}{2}\cos\frac{C}{2} + \cos\frac{A}{2}\sin\frac{B}{2}\cos\frac{C}{2} + \right.$$

$$\left. \cos\frac{A}{2}\cos\frac{B}{2}\sin\frac{C}{2} - \sin\frac{A}{2}\sin\frac{B}{2}\sin\frac{C}{2}\right)$$

$$= 4R\sin\frac{A+B+C}{2} = 4R$$

注意到公式 $r_a - r = 4R\sin^2\frac{A}{2}, \cdots$,应用(1),则(2)是很明显的.

【例5】 设 h_a, h_b, h_c 分别为 $\triangle ABC$ 的由 A, B, C 引出的高,求证
$$(h_a\sin A + h_b\sin B + h_c\sin C)^2 = 18\Delta\sin A\sin B\sin C \quad (5)$$

左边括号中的式子,使我们想到定理2.让点 P 分别重合于 A, B, C,式(1)给出
$$h_a\sin A = h_b\sin B = h_c\sin C = \frac{\Delta}{R}$$

式(5)变为
$$\left(\frac{3\Delta}{R}\right)^2 = 18\Delta\sin A\sin B\sin C$$

即为显然的面积公式 $\Delta = 2R^2\sin A\sin B\sin C$.

我们来推导几个关于高、中线和角平分线的不等式,思考的原则仍是"向边角关系转化".

【例6】 试证:$\triangle ABC$ 的角平分线满足:

(1) $t_a^2 + t_b^2 + t_c^2 \leqslant \frac{27}{4}R^2$;

(2) $t_a + t_b + t_c \leqslant \frac{9}{2}R$;

(3) $t_a t_b t_c \leqslant \frac{27}{8}R^3$.

观察角平分线公式
$$t_a = \frac{2bc}{b+c}\cos\frac{A}{2} = \frac{2bc}{b+c}\sqrt{\frac{pp_a}{bc}} = \frac{2\sqrt{bc}}{b+c}\sqrt{pp_a}$$

联想到基本不等式 $x + y \geqslant 2\sqrt{xy}$(其中 $x \geqslant 0, y \geqslant 0$),立刻作出估值
$$t_a \leqslant \sqrt{pp_a}, t_b \leqslant \sqrt{pp_b}, t_c \leqslant \sqrt{pp_c} \quad (6)$$

于是
$$t_a^2 + t_b^2 + t_c^2 \leqslant p(p_a + p_b + p_c) = \frac{(a+b+c)^2}{4}$$
$$\leqslant \frac{1}{4}(3\sqrt{3}R)^2 = \frac{27}{4}R^2$$

由于
$$t_a t_b + t_b t_c + t_c t_a \leqslant t_a^2 + t_b^2 + t_c^2 \leqslant \frac{27}{4}R^2$$

知 $(t_a+t_b+t_c)^2 \leqslant \dfrac{81}{4}R^2$. 于是(1),(2) 被一举推出.

再继续用估值式(6),只得到 $t_a t_b t_c \leqslant p\Delta$,但由于 $\Delta \leqslant \dfrac{p^2}{3\sqrt{3}}$(见第 5 章最后),再用 $a+b+c \leqslant 3\sqrt{3}R$,即可证明(3).

【例 7】 在 $\triangle ABC$ 中,求证:

(1) $h_a h_b h_c \leqslant t_a t_b t_c \leqslant m_a m_b m_c$;

(2) $t_a+t_b+t_c \leqslant r_a+r_b+r_c$.

由于 $h_a \leqslant t_a, h_b \leqslant t_b, h_c \leqslant t_c$,(1) 左边不必证. 例 6 中已证 $t_a t_b t_c \leqslant p\Delta$,我们来估算 $m_a m_b m_c$. 想到余弦定理

$$m_a^2 m_b^2 m_c^2 = \dfrac{1}{4}(b^2+c^2+2bc\cos A) \dfrac{1}{4}(c^2+a^2+2ca\cos B) \times$$
$$\dfrac{1}{4}(a^2+b^2+2ab\cos C)$$
$$\geqslant \dfrac{1}{64} \cdot 2bc(1+\cos A) \cdot 2ca(1+\cos B) \cdot 2ab(1+\cos C)$$
$$= \dfrac{1}{8}a^2 b^2 c^2 \cdot 2\cos^2 \dfrac{A}{2} \cdot 2\cos^2 \dfrac{B}{2} \cdot 2\cos^2 \dfrac{C}{2}$$
$$= a^2 b^2 c^2 \cos^2 \dfrac{A}{2} \cos^2 \dfrac{B}{2} \cos^2 \dfrac{C}{2} = p^2 \Delta^2$$

最后一步用到了面积公式(9). 因此,(1) 右边不等式是对的.

至于(2),还要用到例 6 中用过的估值式(6)

$$t_a+t_b+t_c \leqslant \dfrac{\Delta}{\sqrt{p_a p_b}}+\dfrac{\Delta}{\sqrt{p_b p_c}}+\dfrac{\Delta}{\sqrt{p_c p_a}}$$
$$= \sqrt{r_a r_b}+\sqrt{r_b r_c}+\sqrt{r_c r_a} \leqslant r_a+r_b+r_c$$

【例 8】 在 $\triangle ABC$ 中,求证

$$a(m_b+m_c-m_a)+b(m_a+m_c-m_b)+c(m_a+m_b-m_c) \geqslant 6\Delta \quad (7)$$

等号对且仅对正三角形成立.

这是三边中线和三边的轮换对称不等式,可以改写成

$$m_a p_a + m_b p_b + m_c p_c \geqslant 3\Delta$$

右边含有面积 Δ,我们看看中线和面积的关系(图 6.6)

$$\Delta = \dfrac{1}{2}am_a \sin\theta$$

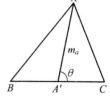

图 6.6

那么

$$m_a = \frac{2\Delta}{a\sin\theta} \geqslant \frac{2\Delta}{a}$$

因此

$$m_a p_a + m_b p_b + m_c p_c \geqslant \Delta\left(\frac{2p_a}{a} + \frac{2p_b}{b} + \frac{2p_c}{c}\right)$$
$$= \Delta\left(\frac{b}{a} + \frac{c}{a} - 1 + \frac{a}{b} + \frac{c}{b} - 1 + \frac{a}{c} + \frac{b}{c} - 1\right)$$
$$\geqslant 3\Delta$$

证明的实质在于 $AA' \geqslant \frac{2\Delta}{a}$,与 A' 是否是中点无关. 那么,上述推理实际上证明了如下较广的命题:设 A', B', C' 分别为 $\triangle ABC$ 的边 BC, CA, AB 上的点,记 $AA' = l_a, BB' = l_b, CC' = l_c$,那么

$$l_a p_a + l_b p_b + l_c p_c \geqslant 3\Delta \tag{8}$$

由于 $a+b+c \geqslant 6\sqrt{3}r, \Delta = pr \geqslant 3\sqrt{3}r^2$,不等式(8)可以写成更精确的形式

$$a(l_b + l_c - l_a) + b(l_c + l_a - l_b) + c(l_a + l_b - l_c) \geqslant 18\sqrt{3}r^2$$

当 l_a, l_b, l_c 为三边上的高时,等号成立.

有趣的是,河南的陈守义运用计算机对 500 多个三角形作了计算,猜想如下不等式成立

$$h_a + m_b + t_c \leqslant \sqrt{3}p \tag{9}$$

后来他自己和杭州的席竹华提出了证明,只是都不够简明.

把匹多不等式用于中线,会有什么结果?

【例 9】 在 $\triangle ABC$ 和 $\triangle A'B'C'$ 中,求证

$$H(m, m') = m_a^2(m_{b'}^2 + m_{c'}^2 - m_{a'}^2) + m_b^2(m_{c'}^2 + m_{a'}^2 - m_{b'}^2) +$$
$$m_c^2(m_{a'}^2 + m_{b'}^2 - m_{c'}^2) \geqslant 9\Delta\Delta'$$

由于中线构成的三角形为原三角形面积的 $\frac{3}{4}$,不等式的成立是显然的. 还可由它导出一系列关于中线的不等式.

下面给出的这个定理,可用以推导很多重要的不等式.

定理 3 P 为 $\angle BAC$ 内一点,B_1, C_1 分别为射线 AB, AC 上的点,$AB_1 = c_1$,$AC_1 = b_1, B_1C_1 = a_1, AP = x$,$P$ 到 AB_1 和 AC_1 的距离分别为 w 和 v,那么

$$a_1 x \geqslant b_1 v + c_1 w \tag{10}$$

如图 6.7 所示,作 $B_1Q \underline{\underline{\parallel}} C_1T \underline{\underline{\parallel}} AP$,则易见

$$S_{\square B_1C_1TQ} = S_{\square B_1APQ} + S_{\square C_1APT}$$

从而不等式(10)成立.

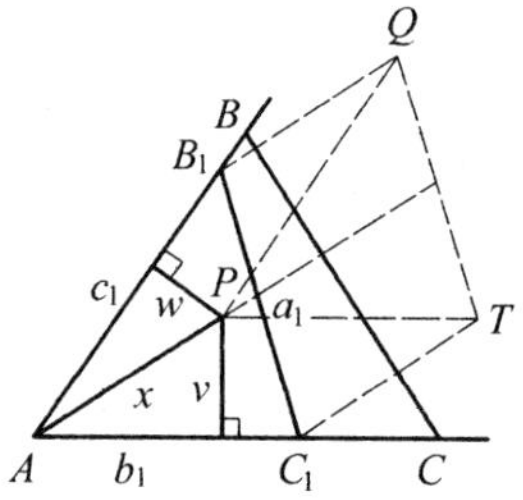

【例10】 △ABC 内一点到边 BC,CA,AB 和顶点 A,B,C 的距离,分别为 r_1,r_2,r_3 和 R_1,R_2,R_3,试证明:

(1) $aR_1 + bR_2 + cR_3 \geqslant 4\Delta$;

(2) $R_1 + R_2 + R_3 \geqslant 2(r_1 + r_2 + r_3)$;

(3) $R_1r_1 + R_2r_2 + R_3r_3 \geqslant 2(r_2r_3 + r_3r_1 + r_1r_2)$;

(4) $R_1R_2R_3 \geqslant \dfrac{R}{2r}(r_1+r_2)(r_2+r_3)(r_3+r_1)$;

(5) $R_1R_2R_3 \geqslant \dfrac{4R}{r}r_1r_2r_3$.

图 6.7

在图 6.7 中,让 B_1 和 C_1 分别重合于 B,C,并改变相应符号,即知 $aR_1 \geqslant br_2 + cr_3$. 类似写出另两个不等式,并相加,即得(1)
$$aR_1 + bR_2 + cR_3 \geqslant 2(ar_1 + br_2 + cr_3) = 4\Delta$$

在不等式(10)中,取 $c_1 = AC = b, b_1 = BC = a$,则 $a_1 = c$. 注意符号改变,知 $R_1 \geqslant \dfrac{a}{c}r_2 + \dfrac{b}{c}r_1$. 写出另两式,三式相加,得

$$R_1 + R_2 + R_3 \geqslant \left(\dfrac{c}{b} + \dfrac{b}{c}\right)r_1 + \left(\dfrac{a}{c} + \dfrac{c}{a}\right)r_2 + \left(\dfrac{b}{a} + \dfrac{a}{b}\right)r_3$$
$$\geqslant 2(r_1 + r_2 + r_3)$$

在 $aR_1 \geqslant br_2 + cr_3$ 两边乘以 $\dfrac{r_1}{a}$,得

$$R_1r_1 \geqslant \dfrac{b}{a}r_1r_2 + \dfrac{c}{a}r_1r_3$$

写出另外两式,相加,即得(3). 在不等式(10)中,取 $b_1 = c_1 = l$,由于 $a_1 = 2l\sin\dfrac{A}{2}$,那么

$$R_1 \geqslant \dfrac{l(w+v)}{2l\sin\dfrac{A}{2}} = \dfrac{r_2 + r_3}{2\sin\dfrac{A}{2}} \quad (\text{因 } v = r_2, w = r_3)$$

写出另外两式,相乘,注意 $r = 4R\sin\dfrac{A}{2}\sin\dfrac{B}{2}\sin\dfrac{C}{2}$,即得(4). 进而,得(5).

值得一提的是,我们又一次证明了厄尔多斯-莫德尔不等式.

第 3 节 三角形定型问题

根据一定的条件,确定三角形的形状,就是三角形定型问题. 条件可以由三角形元素满足某些关系式给出,也可以对三角形提出具体的要求(如极大、极小性质,等)而所确定的形状,一般是某种特殊的三角形.

【例 11】 试证:$\triangle ABC$ 的 $\angle C$ 为锐角、直角或钝角的充要条件是 $p_c^2 + (p_a + p_b)p_c - p_a p_b$ 分别大于、等于或小于零.

如果想到余弦定理 $\cos C = \dfrac{a^2 + b^2 - c^2}{2ab}$,就会猜想我们要讨论的表达式可能与 $a^2 + b^2 - c^2$ 有关,事实上,由于 $a = p_b + p_c, b = p_c + p_a, c = p_a + p_b$,有

$$a^2 + b^2 - c^2 = (p_b + p_c)^2 + (p_c + p_a)^2 - (p_a + p_b)^2$$
$$= 2[p_c^2 + (p_a + p_b)p_c - p_a p_b]$$

结论就很明显了.

【例 12】 如果下列条件之一成立,则 $\triangle ABC$ 为直角三角形:

(1) $r_a - r = r_b + r_c$;

(2) $a\cos A + b\cos B = c\cos C$.

求证一个三角形为直角三角形,有这样几条思路:

① 勾股逆定理: $a^2 + b^2 = c^2 \Rightarrow \angle C$ 为直角(化边法);

② $\cos C = 0$ 或 $\sin C = 1$,则 $\angle C$ 为直角(化角法)、对例 12 来说,两条思路都可以试试.

(1) 由于 r_a 处于"独特"地位,猜想 $\angle A$ 为直角.

化为边

$$\frac{\Delta}{p_a} - \frac{\Delta}{p} = \frac{\Delta}{p_c} + \frac{\Delta}{p_b}, 2pp_a - bc = 0$$

即
$$a^2 = b^2 + c^2$$

化为角

$$4R\sin\frac{A}{2}\cos\frac{B}{2}\cos\frac{C}{2} - 4R\sin\frac{A}{2}\sin\frac{B}{2}\sin\frac{C}{2}$$
$$= 4R\cos\frac{A}{2}\sin\frac{B}{2}\cos\frac{C}{2} + 4R\cos\frac{A}{2}\cos\frac{B}{2}\sin\frac{C}{2}$$

$$\cos^2\frac{A}{2} - \sin^2\frac{A}{2} = 0$$

即 $\cos A = 0$,知 $\angle A = 90°$.

(2) 由于 $\cos C$ 处于独特地位,大约 $\angle C$ 是直角.事实上,如化为边,用余弦定理可化为 $(a^2-b^2)^2=c^4$.如化为角,可得 $2c\cos A\cos B=0$,均可知 $\angle A$ 或 $\angle B$ 为直角.说明我们开头的猜想不对,但仔细想想: $\cos A$ 和 $\cos B$ 对 $\cos C$ 来说,也处于"独特"地位.

【例 13】 若 $\triangle ABC$ 满足下列条件之一,则必为等腰三角形:

(1) $a\tan A - b\tan B = (a-b)\tan\dfrac{A+B}{2}$;

(2) $a\cos A + b\cos B = c$.

一个三角形是等腰的,只需有两边相等,或两角相等.于是只要证,比如 $\cos(A-B)=1$ 或 $\sin\dfrac{A-B}{n}=0(n\in\mathbf{N})$.对例 13 的(1),可这样化

$$\text{已知}\Rightarrow a\left(\tan A-\tan\dfrac{A+B}{2}\right)-b\left(\tan B-\tan\dfrac{A+B}{2}\right)=0$$

$$\Rightarrow \sin\dfrac{A-B}{2}\left(\dfrac{a}{\cos A}+\dfrac{b}{\cos B}\right)=0$$

$$\Rightarrow \sin\dfrac{A-B}{2}=0\Rightarrow A=B$$

对于(2),可转化成边: $(b-c)^2[a^2-(b+c)^2]=0$,只有 $b=c$.

把"等腰"与"直角"条件用"或""且"联系起来,就产生一些别致的题目.

【例 14】 (1) 如果 $\begin{cases}\sin^2 A=\sin^2 B+\sin^2 C\\ \sin A=2\sin B\sin C\end{cases}$,则 $\triangle ABC$ 为等腰直角三角形;

(2) 若 $c\cos C=b\cos B$,则 $\triangle ABC$ 为等腰或直角三角形.

由(1),同时得出 $\angle A=90°$ 和 $\angle B=\angle C$;由(2),则得出 $\angle B=\angle C$ 或 $\angle B+\angle C=90°$.如果化成边,则(1)和(2)可分别写成

$$|a^2-b^2-c^2|+|b^2-c^2|=0$$

和

$$(a^2-b^2-c^2)(b^2-c^2)=0$$

【例 15】 在 $\triangle ABC$ 中,有:

(1) 若三边满足 $c^4-2(a^2+b^2)c^2+a^4+a^2b^2+b^4=0$, $\angle C$ 如何?

(2) 若 $\dfrac{a}{b+c}+\dfrac{c}{a+b}=1$,且 $\log_4\sin A+\log_4\sin C=-\dfrac{1}{2}$,求 $\angle A:\angle B:\angle C$.

(1)中等式可化为 $(c^2-a^2-b^2-ab)(c^2-a^2-b^2+ab)=0$,从而 $\angle C=60°$ 或 $120°$;(2)中前一式说明 $\angle B=60°$,后一式化为 $\sin A\sin(120°-A)=\dfrac{1}{2}$,

$\angle A = 30°$,故 $\angle A : \angle B : \angle C = 1 : 2 : 3$.

前边我们研究了定型问题的几种情况,下边着重考查一下正三角形的定型问题,它不同于判定,大体有三种情形:一是从关系式出发定型,二是由极值条件出发定型(就是等周问题),三是从某种其他条件出发定型.

【例 16】 如果 $\cot A + \cot B + \cot C = \sqrt{3}$,试确定 $\triangle ABC$ 的形状.

由于不等式 $\cot A + \cot B + \cot C \geqslant \sqrt{3}$ 中,等号当且仅当 $\triangle ABC$ 为正三角形时成立,问题就算解决.但如果追根溯源,则可由方程组

$$\begin{cases} \cot A + \cot B + \cot C = \sqrt{3} \\ \cot A \cot B + \cot B \cot C + \cot C \cot A = 1 \end{cases} \text{(恒等式)}$$

得到

$$(\cot A - \cot B)^2 + (\cot B - \cot C)^2 + (\cot C - \cot A)^2 = 0$$

在 $0° < \angle A, \angle B, \angle C < 180°$ 的条件下,即知 $\angle A = \angle B = \angle C$.

类似地,恒等式

$$\frac{1}{2}(a+b+c)[(a-b)^2 + (b-c)^2 + (c-a)^2]$$
$$= a^3 + b^3 + c^3 - 3abc$$
$$= 8R^3(\sin^3 A + \sin^3 B + \sin^3 C - 3\sin A \sin B \sin C)$$

不仅道出了不等式 $\frac{1}{3}(a^3 + b^3 + c^3) \geqslant abc$ 中等号成立的条件,而且直接给出:$\triangle ABC$ 为正三角形的充要条件是

$$a^3 + b^3 + c^3 - 3abc = 0$$

或

$$\sin^3 A + \sin^3 B + \sin^3 C = 3\sin A \sin B \sin C$$

【例 17】 (三角形等周定理)在周长一定的三角形中,正三角形面积最大.

这仅仅是"周长一定的平面图形中,什么图形的面积最大"这一问题的一个中间答案,然而,命题是太漂亮了,致使人们对它的浓厚兴趣至今不衰,而且探求出数十种证法.比如,应用海伦公式的证法如下

$$\sqrt[3]{p_a p_b p_c} \leqslant \frac{p_a + p_b + p_c}{3} = \frac{p}{3}$$

$$\Delta = \sqrt{p} \cdot \sqrt{p_a p_b p_c} \leqslant \sqrt{p} \cdot \left(\frac{p}{3}\right)^{\frac{3}{2}} = \frac{\sqrt{3}}{36}(2p)^2$$

周长 $2p$ 一定,Δ 在 $\triangle ABC$ 为正三角形(即 $p_a = p_b = p_c, a = b = c$)时,达到自己的最大值 $\frac{\sqrt{3}(2p)^2}{36}$;反之,如果面积 Δ 一定,$2p$ 在 $\triangle ABC$ 为正三角形时,达

到自己的最小值 $\dfrac{6\sqrt{\Delta}}{\sqrt[4]{3}}$.

在第 3 章(例 17),我们曾用边平均三角形序列证明过这命题.下边,我们用大家熟悉的二次方程作工具,来处理这一问题.先看一个预备命题.

【例 18】 试证:周长一定,而且一边固定的三角形中,等腰三角形面积最大.

设 $2p$ 固定,$BC=a$ 为定长,则 $b+c=2p-a$. 设
$$b=\left(p-\dfrac{a}{2}\right)-x$$
则
$$c=\left(p-\dfrac{a}{2}\right)+x$$
(这里 $x\geqslant 0$). 于是
$$\Delta^2=pp_ap_bp_c=-pp_ax^2+pp_a\cdot\dfrac{a^2}{4}$$

因 $-pp_a<0$,函数在顶点 $x=0$ 处取最大值,这时 $b=c=p-\dfrac{a}{2}$.

现在来证等周定理.

今用反证法.设 $2p$ 一定的三角形中,有边不全相等的 $\triangle ABC$(如 $AB\neq AC$)面积最大.我们固定 BC,取 $A'B=A'C=\dfrac{1}{2}(AB+AC)$,并构成 $\triangle A'BC$,其周长也是 $2p$;但由例 18,知 $S_{\triangle A'BC}>S_{\triangle ABC}$,与假设矛盾.

如下两组三角形不等式(其中等号对且只对正三角形成立)都对应着各自的几何极值问题,构成一大批"正三角形之最".

第一组

(1) $\sin\dfrac{A}{2}\sin\dfrac{B}{2}\sin\dfrac{C}{2}\leqslant\dfrac{1}{8}$;

(2) $\cos A\cos B\cos C\leqslant\dfrac{1}{8}$;

(3) $\sin\dfrac{A}{2}+\sin\dfrac{B}{2}+\sin\dfrac{C}{2}\leqslant\dfrac{3}{2}$;

(4) $\cos A+\cos B+\cos C\leqslant\dfrac{3}{2}$;

(5) $\sin A \sin B \sin C \leqslant \dfrac{3\sqrt{3}}{8}$；

(6) $\cos \dfrac{A}{2} \cos \dfrac{B}{2} \cos \dfrac{C}{2} \leqslant \dfrac{3\sqrt{3}}{8}$；

(7) $\sin A + \sin B + \sin C \leqslant \dfrac{3\sqrt{3}}{2}$；

(8) $\cos \dfrac{A}{2} + \cos \dfrac{B}{2} + \cos \dfrac{C}{2} \leqslant \dfrac{3\sqrt{3}}{2}$；

(9) $\sin^2 \dfrac{A}{2} + \sin^2 \dfrac{B}{2} + \sin^2 \dfrac{C}{2} \geqslant \dfrac{3}{4}$；

(10) $\cos^2 A + \cos^2 B + \cos^2 C \geqslant \dfrac{3}{4}$；

(11) $\tan^2 \dfrac{A}{2} + \tan^2 \dfrac{B}{2} + \tan^2 \dfrac{C}{2} \geqslant 1$；

(12) $\cot^2 A + \cot^2 B + \cot^2 C \geqslant 1$；

(13) $\tan \dfrac{A}{2} + \tan \dfrac{B}{2} + \tan \dfrac{C}{2} \geqslant \sqrt{3}$；

(14) $\cot A + \cot B + \cot C \geqslant \sqrt{3}$；

(15) $\tan \dfrac{A}{2} \tan \dfrac{B}{2} \tan \dfrac{C}{2} \leqslant \dfrac{\sqrt{3}}{9}$；

(16) $\cot \dfrac{A}{2} + \cot \dfrac{B}{2} + \cot \dfrac{C}{2} \geqslant 3\sqrt{3}$．

第二组

(17) $r \leqslant \dfrac{\sqrt{3}}{9} p$；

(18) $r^2 \leqslant \dfrac{\sqrt{3}}{9} \Delta$；

(19) $r^3 \leqslant \dfrac{\sqrt{3}}{72} abc$；

(20) $h_a h_b h_c \leqslant \dfrac{\sqrt{3}}{9} p^3$；

(21) $\dfrac{1}{a} + \dfrac{1}{b} + \dfrac{1}{c} \geqslant \dfrac{\sqrt{3}}{R}$；

(22) $\dfrac{1}{h_a} + \dfrac{1}{h_b} + \dfrac{1}{h_c} \geqslant \dfrac{2}{R}$;

(23) $r_a + r_b + r_c \leqslant \dfrac{9}{2} R$;

(24) $r_a r_b r_c \leqslant \dfrac{\sqrt{3}}{9} p^3$;

(25) $r_a r_b r_c \leqslant \dfrac{27}{8} R^3$;

(26) $r_a r_b r_c \geqslant 27 r^3$;

(27) $m_a^2 + m_b^2 + m_c^2 \geqslant 3\sqrt{3}\Delta$;

(28) $t_a + t_b + t_c \geqslant 12\sqrt[3]{p\Delta}$;

(29) $t_a t_b t_c \geqslant 64 p\Delta$;

(30) $R \geqslant 2r$;

(31) $p \leqslant \dfrac{3\sqrt{3}}{2} R$;

(32) $a^2 + b^2 + c^2 \geqslant 4\sqrt{3}\Delta$;

(33) $a^2 + b^2 + c^2 \leqslant 9R^2$;

(34) $\Delta \leqslant \dfrac{3\sqrt{3}}{4} R^2$;

(35) $\Delta \leqslant \dfrac{\sqrt{3}}{9} p^2$;

(36) $\Delta \leqslant \dfrac{\sqrt{3}}{4} (abc)^{\frac{2}{3}}$.

例如(32),表明:面积一定的三角形中,三边上正方形面积和最小的是正三角形.还可举几个例子.

【例19】 求半径为 R 的圆的最大内接三角形.

把"最大"理解为"面积最大",应用第一组中不等式(5)(或第二组的(34)),有

$$\Delta = 2R^2 \sin A \sin B \sin C$$
$$\leqslant 2R^2 \cdot \dfrac{3\sqrt{3}}{8} = \dfrac{3\sqrt{3}}{4} R^2$$

如果理解为"周长最大",则(7)或(31)均给出 $2p \leqslant 3\sqrt{3} R$,结论都是"正三角形".

【例 20】 设 x, y, z 为定数，对 $\triangle ABC$ 来说，求函数
$$f(A, B, C) = x^2 + y^2 + z^2 - 2xy\cos C - 2yz\cos A - 2zx\cos B$$
的最小值，并说明这时 $\triangle ABC$ 的形状.

由我们已证过的不等式（第 5 章定理 2），知 $f(A,B,C) \geqslant 0$，且当 $\dfrac{x}{\sin A} = \dfrac{y}{\sin B} = \dfrac{z}{\sin C}$ 时，等号成立（f 取到自己的最小值）. 显然，这时要求 x,y,z 为正数，长分别为 x,y,z 的线段能构成三角形 $A_1B_1C_1$，且 $\triangle ABC \backsim \triangle A_1B_1C_1$.

【例 21】 （维维安尼定理的逆命题）如果三角形内任一点到三边距离之和为定值，则 $\triangle ABC$ 为正三角形.

若改成"如果 $\triangle ABC$ 上任……"就好证了，因这时包含边上的点，只要让"任一点"分别重于 A,B,C，即知 $\triangle ABC$ 三高相等. 这启发我们"套"一个略小的三角形的办法：设 P 到 $\triangle ABC$ 各边最小距离为 m，在 $\triangle ABC$ 内作 $\triangle A_1B_1C_1$，使 $A_1B_1 \parallel AB, B_1C_1 \parallel BC, C_1A_1 \parallel CA$，且距离 $d < m$（图 6.8）；如设 P 到 $\triangle ABC$ 三边距离之和为 H，

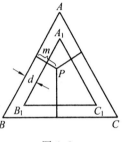

图 6.8

则 $\triangle A_1B_1C_1$ 内部或边上一点到 $\triangle A_1B_1C_1$ 三边距离之和为 $H-3d>0$，仿上知 $\triangle A_1B_1C_1$ 为正三角形，$\triangle ABC \backsim \triangle A_1B_1C_1$，故 $\triangle ABC$ 为正三角形.

另一考虑法如下：设 P 到 $\triangle ABC$ 各边距离分别为 d_a, d_b, d_c，则
$$\begin{cases} d_a + d_b + d_c = H & \text{（本例条件）} \\ d_a \sin A + d_b \sin B + d_c \sin C = \dfrac{\Delta}{R} & \text{（定理 2）} \end{cases}$$

$\triangle ABC$ 内另取一点 P'，到三边距离分别为 $d'_a = d_a + t, d'_b = d_b - t$（其中 $0 < t < d_b$），$d'_c = d_c$，则
$$d'_a + d'_b + d'_c = H$$
且
$$d'_a \sin A + d'_b \sin B + d'_c \sin C = \dfrac{\Delta}{R}$$

从而 $t(\sin A - \sin B) = 0$，$\sin A = \sin B$. 同样，证 $\sin B = \sin C$. 于是 $a = b = c$. 这个证法的思路是意味深长的.

练习 6

1. 在 $\triangle ABC$ 中，求证：

(1) $r(\sin A + \sin B + \sin C) = 2R\sin A\sin B\sin C$.

(2) $a\cos A + b\cos B + c\cos C = 4R\sin A\sin B\sin C$.

(3) $a\cot A + b\cot B + c\cot C = 2(R+r)$.

(4) $\dfrac{p}{r} = \cot\dfrac{A}{2} + \cot\dfrac{B}{2} + \cot\dfrac{C}{2}$.

(5) $t_a\cos\dfrac{A}{2} + t_b\cos\dfrac{B}{2} + t_c\cos\dfrac{C}{2} = a+b+c$.

(6) $r_a + r_b = c\cot\dfrac{C}{2}$.

(7) $\tan^2\dfrac{A}{2} + \tan^2\dfrac{B}{2} + \tan^2\dfrac{C}{2} = \dfrac{r(r_a^2 + r_b^2 + r_c^2)}{r_a r_b r_c}$.

2. 在 △ABC 中，求证：

(1) $r_a r_b + r_b r_c + r_c r_a = p^2$.

(2) $\left(\dfrac{1}{r} - \dfrac{1}{r_a}\right)\left(\dfrac{1}{r} - \dfrac{1}{r_b}\right)\left(\dfrac{1}{r} - \dfrac{1}{r_c}\right) = \dfrac{4R}{r^2 p^2}$.

(3) $\dfrac{1}{r_a} + \dfrac{1}{r_b} + \dfrac{1}{r_c} = \dfrac{1}{r}$.

(4) $2Rr = \dfrac{abc}{a+b+c}$.

(5) $\dfrac{1}{2rR} = \dfrac{1}{ab} + \dfrac{1}{bc} + \dfrac{1}{ca}$.

(6) $r_a r_b + r r_c = ab$.

(7) $4r(r_a + r_b + r_c) = 2(ab + bc + ca) - (a^2 + b^2 + c^2)$.

(8) $a = \dfrac{r_a(r_b + r_c)}{\sqrt{r_a r_b + r_b r_c + r_c r_a}}$.

(9) $R = \dfrac{(r_a + r_b)(r_b + r_c)(r_c + r_a)}{4(r_a r_b + r_b r_c + r_c r_a)}$.

(10) $\dfrac{1}{r^2} + \dfrac{1}{r_a^2} + \dfrac{1}{r_b^2} + \dfrac{1}{r_c^2} = \dfrac{a^2 + b^2 + c^2}{\Delta^2}$.

(11) $\dfrac{r}{R} = 4\left(\dfrac{p}{a} - 1\right)\left(\dfrac{p}{b} - 1\right)\left(\dfrac{p}{c} - 1\right)$.

(12) $\dfrac{r_a - r}{a} + \dfrac{r_b - r}{b} = \dfrac{c}{r_c}$.

3. 推导如下三角形面积公式：

(1) $\Delta = \dfrac{(a^2 - b^2)\sin A\sin B}{\sin(A-B)}$.

(2) $\dfrac{1}{h_a} + \dfrac{1}{h_b} + \dfrac{1}{h_c} = \dfrac{p}{\Delta}$.

(3) $\Delta = Rr(\sin A + \sin B + \sin C) = 4Rr\cos\dfrac{A}{2}\cos\dfrac{B}{2}\cos\dfrac{C}{2}$.

(4) $\Delta = \dfrac{1}{4}(a^2\cot A + b^2\cot B + c^2\cot C)$.

(5) $\Delta = \dfrac{a^2 + b^2 + c^2}{4(\cot A + \cot B + \cot C)}$.

4. 在 $\triangle ABC$ 中,求证:

(1) $t_a + t_b + t_c \leqslant \sqrt{3}\, p$.

(2) $t_a^2 + t_b^2 + t_c^2 \leqslant p^2$.

(3) $t_a t_b t_c \leqslant p\Delta$.

5. 在 $\triangle ABC$ 中,求证:

(1) $h_a + h_b + h_c \geqslant \dfrac{2\sqrt{3}\,\Delta}{R}$.

(2) $h_a^2 + h_b^2 + h_c^2 \geqslant \dfrac{4\Delta^2}{R^2}$.

(3) $h_a h_b h_c \leqslant \dfrac{9}{8}R^3$.

(4) $\dfrac{1}{h_a} + \dfrac{1}{h_b} + \dfrac{1}{h_c} \geqslant \dfrac{2}{R}$.

(5) $h_a + h_b + h_c \leqslant a\sin A + b\sin B + c\sin C$.

6. 在 $\triangle ABC$ 中,求证:

(1) $3\sqrt{3}\,\Delta \leqslant m_a^2 + m_b^2 + m_c^2 \leqslant \dfrac{27}{4}R^2$.

(2) $m_a m_b + m_b m_c + m_c m_a \leqslant \dfrac{27}{4}R^2$.

(3) $m_a + m_b + m_c \leqslant \dfrac{9}{2}R$.

7. 在 $\triangle ABC$ 中,求证:

(1) $r_a + r_b + r_c \geqslant 9r$.

(2) $r_a + r_b + r_c \leqslant \dfrac{9}{2}R$.

(3) $\dfrac{1}{r_a} + \dfrac{1}{r_b} + \dfrac{1}{r_c} \geqslant \dfrac{2}{R}$.

(4) $r_a r_b r_c \geqslant \dfrac{2\Delta^2}{R}$.

8. 在 $\triangle ABC$ 中,求证
$$m_a^2 + m_b^2 + m_c^2 \geqslant 3\sqrt{3}\Delta + (m_a - m_b)^2 + (m_b - m_c)^2 + (m_c - m_a)^2$$

9. 若 $\tan A \tan B < 1$,则 $\triangle ABC$ 为钝角三角形,反之亦然.

10. 符合下列条件之一的 $\triangle ABC$ 必为等腰三角形:

(1) $\sin A = 2\sin B \sin C$;

(2) $\dfrac{\tan A}{\tan B} = \dfrac{\sin A}{\sin B}$;

(3) $p_b \cot \dfrac{C}{2} = p \tan \dfrac{B}{2}$;

(4) $\cos \dfrac{A}{2} : \cos \dfrac{B}{2} = \sqrt{a} : \sqrt{b}$;

(5) $\begin{vmatrix} \cos^2 A & \sin A & 1 \\ \cos^2 B & \sin B & 1 \\ \cos^2 C & \sin C & 1 \end{vmatrix} = 0.$

11. 符合下列条件之一的 $\triangle ABC$,为等腰或直角三角形:

(1) $\dfrac{\sin^2 A + \sin^2 B - \sin^2 C}{\sin^2 A - \sin^2 B + \sin^2 C} = \dfrac{1 + \cos 2C}{1 + \cos 2B}$;

(2) $\dfrac{\cos A + \cos C}{\cos A + \cos B} = \dfrac{\sin B}{\sin C}$;

(3) $\dfrac{\tan B}{\tan C} = \dfrac{\sin^2 B}{\sin^2 C}.$

12. 符合下列条件之一的 $\triangle ABC$,必为直角三角形:

(1) $\dfrac{a+b}{a} = \dfrac{\sin B}{\sin B - \sin A}$,且 $\cos(A-B) + \cos C = 1 - \cos 2C$;

(2) $b^2 \sin^2 C + c^2 \sin^2 B = 2bc \cos B \cos C$;

(3) $\sin A = \cos B + \cos C$;

(4) $\cos^2 A + \cos^2 B + \cos^2 C = 1$;

(5) $a^2 + b^2 + c^2 = 8R^2$.

13. 符合下列条件之一的 $\triangle ABC$,必为正三角形:

(1) $\begin{cases} \dfrac{a^3 + b^3 - c^3}{a+b-c} = c^2 \\ \sin A \sin B = \dfrac{3}{4} \end{cases}$;

(2) $\begin{cases} 4pp_a = 3bc \\ \sin A = 2\sin B \sin C \end{cases}$;

(3) $\dfrac{a}{\cos A} = \dfrac{b}{\cos B} = \dfrac{c}{\cos C}$;

(4) $h_a + h_b + h_c = 9r$.

14. 若 $\dfrac{m\cos C + n\cos A}{m\cos C + n\cos B} = \dfrac{\sin B}{\sin A}$，$0 < m \leqslant n$，则 $\triangle ABC$ 为等腰或直角或等腰直角三角形.

15. 试证明下列各条都是 $\triangle ABC$ 面积与周长数值相等的充分必要条件：

(1) $r = 2$；

(2) $a + b - c = 4\cot \dfrac{C}{2}$；

(3) $a + b - c = 4(\cot C + \csc C)$.

第7章 三角形和圆

三角形和圆,这两者之间有不解之缘.它们密切"配合",在几何学历史的每个时期,都扮演了极不寻常的角色.本章就来讲一讲它们之间的有趣关系.

第1节 三角形的五心

三角形的内心、外心、旁心,都是三角形相关圆(内切圆、外接圆、旁切圆)的圆心.重心、垂心则不是,但与其他心、与圆也有着密切的关系.如果 $\triangle A_1B_1C_1$ 的顶点分别在 $\triangle ABC$ 的三边上,则 $\triangle A_1B_1C_1$ 叫做 $\triangle ABC$ 的内接三角形,$\triangle ABC$ 叫做 $\triangle A_1B_1C_1$ 的外接三角形;如果 A_1,B_1,C_1 分别在直线 AB,BC,CA 上,则 $\triangle A_1B_1C_1$ 叫做 $\triangle ABC$ 的相接三角形.

【例1】 $\triangle A_1B_1C_1$ 内接于 $\triangle ABC$,且 $A_1B_1 \; /\!/ \; AB$,$B_1C_1 \; /\!/ \; BC$,$C_1A_1 \; /\!/ \; CA$,那么

(1) $\triangle A_1B_1C_1$ 的垂心就是 $\triangle ABC$ 的外心;

(2) $\triangle A_1B_1C_1$ 和 $\triangle ABC$ 有共同的重心.

粗略一看,结论似不成立,如果画出图来,推出"A_1,B_1,C_1 分别为 BC,CA,AB 的中点"时,结论就变得显而易见了.此例告诉我们怎样通过外心定理去证明垂心定理.

一般说来,一个三角形的某种相接三角形,往往是开发三角形性质、转化问题、攻克难关的有力工具.在本章和第9章,都会找到重要的例证.三角形五心间的位置关系可见如下两条定理.

定理1 三角形外心、重心、垂心共线.

为了证明外心 O、重心 G 和垂心 H 共线,我们采取一种巧妙的构思方法.联结 OG,并延长之,交高 AD 于点 $Q.Q$ 就是 H 吗?我们希望如此.

由于 G 是重心,A' 是 BC 中点,于是我们发现:$\triangle AQG \backsim \triangle A'OG$,且 $QG:OG = AG:A'G = 2:1$,$QG = 2OG$.真是妙极了:因 O,G 都是 $\triangle ABC$ 中的固定点,$QG=2OG$ 表明,Q 也是 $\triangle ABC$ 中的固定点,就是说,如果改用高 BE 或 CF,来进行上述推理,点 Q 也不会变,即 AD,BE,CF 都通过点 Q,可见,Q 就是垂心

H(图 7.1).

这个别致的证明,有点类似于同一法,但运用了"定"和"变"的关系,仔细分析这个证明,我们会发现它同时证明了下述命题:

推论 1 $HG:GO=2:1$.

推论 2 $AH \underline{\parallel} 2OA'$,即顶点同垂心连线平行于外心到对边的垂线且等于它的2倍.

而且还预示了:如果垂心在顶点,则外心在对边中点(直角三角形);如果垂心移到顶点外(某个角的对顶角中),则外心移到对边外侧(钝角三角形).

由于 $(OA')^2 = R^2 - \left(\dfrac{a}{2}\right)^2$,我们还有

推论 3 $AH^2 + a^2 = BH^2 + b^2 = CH^2 + c^2 = 4R^2$.

推论 4 $AH = 2R|\cos A|$.

事实上,由于 $a = 2R\sin A$,则

$$AH = 2R\sqrt{1-\sin^2 A} = 2R|\cos A|$$

【**例 2**】 在锐角 $\triangle ABC$ 中,求证:

(1) $\dfrac{a}{AH} + \dfrac{b}{BH} + \dfrac{c}{CH} = \dfrac{abc}{AH \cdot BH \cdot CH}$;

(2) $AD \cdot AH + BE \cdot BH + CF \cdot CH = \dfrac{1}{2}(a^2+b^2+c^2)$.

由于 $\dfrac{a}{AH} = \dfrac{2R\sin A}{2R\cos A} = \tan A, \cdots,$ 及

$$\tan A + \tan B + \tan C = \tan A \tan B \tan C$$

知(1)是对的.再由 $AD \cdot AH = c\sin B \cdot 2R\cos A = cb\cos A = \dfrac{1}{2}(b^2+c^2-a^2)$,即可证得(2).

在图 7.1 中,设 $\triangle ABH$ 外接圆半径为 R',则 $2R' = \dfrac{AH}{\sin \angle ABE} = \dfrac{AH}{\cos A} = 2R$. 因此,有

推论 5 $\triangle ABC, \triangle ABH, \triangle BCH, \triangle CAH$ 有相等的外接圆.

定理 2(欧拉公式) 设 I 表示 $\triangle ABC$ 内心,$d = IO$,则
$$d^2 = R^2 - 2rR$$

画出图 7.2,说明证题思路如下

$$(R-d)(R+d) = NI \cdot IP = LI \cdot IA = LB \cdot IA$$
$$= LM \cdot \sin\alpha \cdot \frac{Iy}{\sin\alpha} = 2Rr$$

由公式,我们再次看到 $R-2r \geqslant 0$. 如果 $R=2r$,则 $d=0$,这时内、外心合一,$\triangle ABC$ 成为正三角形.

下面我们介绍涉及三角形内心、外心、垂心和旁心的一个优美结果,这是罗河教授于 1931 年发现的.

定理 3(罗河) 对每个三角形,都存在分别垂直相交于内心和旁心的四对直线,其中每条直线同高的交点到相应顶点等距离,这距离分别为 $|R \pm d|$,其中 d 为外心同内心或旁心的距离.

以内心 I 为例,说明怎样找到这样的直线(图 7.

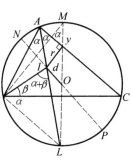

图 7.2

3). 按要求,我们分别在 AD, BE, CF 上截取 $AO_1 = BO_2 = AO = R$,再截取 $O_1A_1 = O_1A_2 = O_2B_1 = O_2B_2 = IO = d$,那么,只要证明:

(1) A_1, I, B_1 共线. 同样,证 A_1, I, C_1 共线,从而 A_1, B_1, C_1, I 共线;同理,证 A_2, B_2, C_2, I 共线. 其中 $CO_3 = R, O_3C_1 = O_3C_2 = d$.

(2) $A_1B_1 \perp A_2B_2$.

要证(1),只要证 $\angle A_1IB_1 = 180°$. 我们来计算四边形 A_1IB_1H(H 为垂心,图 7.3 中 AD 与 BE 的交点)的内角.

由于三角形角平分线同时平分由同一顶点引出的高和外接圆直径的夹角,即 AI 平分 $\angle OAD$,故 $IO_1 = IO = O_1A_1$,则

$$\angle IA_1O_1 = 90° - \frac{1}{2}\angle A_1O_1I = 90° - \frac{1}{2}\angle IOA$$

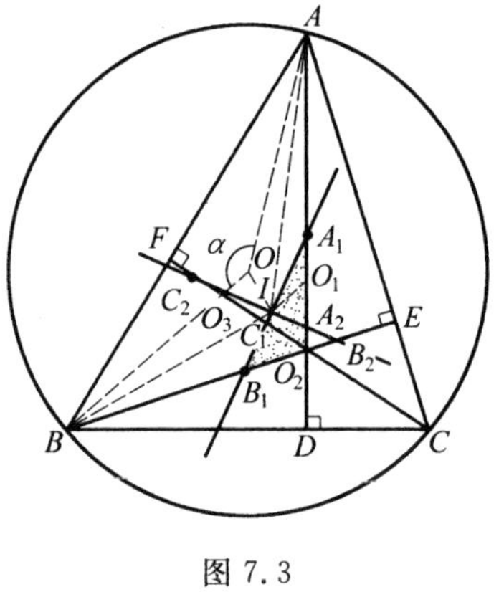

同理

$$\angle IB_1O_2 = 90° - \frac{1}{2}\angle IOB$$

又

$$\angle A_1HB_1 = 180° - \angle C = 180° - \frac{1}{2}\angle AOB$$

图 7.3

所以

$$\angle IA_1O_1 + \angle IB_1O_2 + \angle A_1HB_1$$
$$= 360° - \frac{1}{2}(\angle IOA + \angle IOB + \angle AOB)$$

$$=180°$$

四边形 A_1IB_1H 中,有三个内角的和为 $180°$,可见第四个角 $\angle A_1IB_1=180°$,即(1)得证.

由于 $O_1A_1=O_1I=O_1A_2$,故 $\angle A_1IA_2=90°$,(2)得证.

对于旁心,可类似作图和论证.以后,称符合定理 3 条件的四对直线为三角形的罗河线.对罗河线的性质和应用,现在探讨的还不多.

第 2 节　九点圆

我们知道,任何不共线三点共圆.要判断四点是否共圆,就要用圆内接四边形(不限于凸的)的有关性质了.而判断五点、六点共圆,已无一般的法则,只能逐点解决.想不到,三角形的边和高上,竟然存在着共圆的九个点.

定理 4　三角形三边中点、三条高的垂足、三顶点与垂心连线的中点这九点共圆.

定理涉及的图形(图 7.4 中画出了 $\triangle ABC$ 为锐角、直角和钝角三角形三种情形)是别致的.然而,证明的简单和结论的奇妙一样,更是出人意料:只要注意 $A'B'PQ$ 和 $A'C'PR$ 都是矩形,那么 B',C',Q,R 都在 $A'P$ 为直径的圆上(记

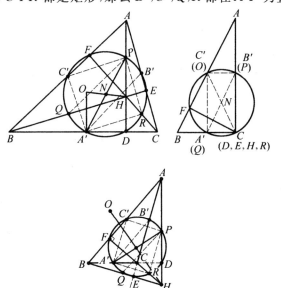

图 7.4

作⊙N);又∠$A'DP$ 为直角,D 也在⊙N 上;同理,E,F 也在⊙N 上,因此,九点 A',B',C',D,E,F,P,Q,R 共圆.

这九点所在的圆,就叫做三角形的九点圆,或欧拉圆,或费尔巴哈圆. 它的圆心 N 叫做九心;和熟知的五心一样,也是三角形一个著名的点. 这个九点圆命题早在 18 世纪末已颇为流传,但直到 1821 年才由庞色列(J. V. Poncelet, 1788—1867)给予明确的叙述,1822 年,费尔巴哈(K. W. Feuerbach, 哲学家费尔巴哈的二哥)给出了第一个证明,而欧拉(L. Euler, 1707—1783)只是在 1765 年证明了 △$A'B'C'$ 和 △DEF 有共同的外接圆.

在上述推理中,我们看出 $A'P$ 是九点圆的一条直径. 由于 $A'OPH$ 是平行四边形(定理 1 推论 2),因此,OH 的中点就是九点圆的圆心 N. 又⊙N 正好是 △$A'B'C'$ 的外接圆,这就说明有

定理 5   三角形九点圆圆心在外心和垂心连线的中点,半径等于外接圆半径的一半.

结合定理 1,不难得到:

推论 1 H,N,G,O 四点顺次共线(欧拉线),且
$$HN : NG : GO = 3 : 1 : 2$$

推论 2   三角形垂心、九心、重心、外心中,若有两点重合,则必四点重合, 而 △ABC 为正三角形.

除上述以外,九点圆还有一系列优美性质,如

性质 1   在已知圆中可以作无数个内接三角形,以已知点为垂心或九心.

设 ⊙O 为已知圆,H(或 N)为已知点,则根据 O,H(或 N)可作出欧拉线,从而确定重心 G. 因此,在 ⊙O 上任取一点 A,即可根据 A,G,O 作 ⊙O 的一个内接三角形以 H 为垂心(以 N 为九心). $HO < 3R$ 时,问题有解.

性质 2(费尔巴哈定理)   三角形的九点圆与内切圆和旁切圆相切.

这是费尔巴哈发现的著名定理,无论是"综合的"证法还是后来发现的其他证法(如用复数证明),都是相当复杂的. 我们只通过图 7.5 说明一下证明它与内切圆 ⊙I 相切的思路.

如果 $AB = AC$,显然 ⊙N 与 ⊙I 相切于 BC 中点 A'. 设 $AB > AC$. 记 ⊙I 与 BC 的切点为 X,AI 延长交 BC 于 U. 那么,设法在 ⊙I 上找到 ⊙N 的一个点,并证明两圆在此点相切就行了.

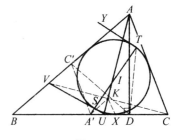

图 7.5

为此,过 U 作 $\odot I$ 切线 UV,与 $\odot I$ 切于 S.联结 $A'S$,延长交 $\odot I$ 于 T.可以证明,T 就是两圆切点.

先证 T 在 $\odot N$ 上,方法是证 $\angle A'TD=\angle A'C'D=\angle C-\angle B$(因 A',C',D 同在 $\odot N$ 上);其次,证 $\odot I$ 与 $\odot N$ 在 T 相切,方法是作出 $\odot I$ 在 T 的切线 TY,证明它也是 $\odot N$ 的切线就行了,而这只要证 $\angle YTA'=\angle TDA'$ 即可. 我们连的一些辅助线对此是会有帮助的.

性质 3 三角形垂心与外接圆上任一点的连线,被九点圆平分.

如图 7.6 所示,K 为 $\triangle ABC$ 外接圆 $\odot O$ 上任一点,HK 交 $\odot N$ 于 K',则 $NK'=\dfrac{1}{2}R,OK=R,N$ 为 OH 中点,故 K' 为 HK 中点.

【例 3】 在圆内接四边形 $ABCD$ 中,$\triangle ABC$,$\triangle BCD$,$\triangle CDA$,$\triangle DAB$ 的垂心、九心、重心分别共圆.

如果作 $OA_1 \perp BC$(图 7.7),则
$$AH_1 \underline{\underline{\parallel}} 2OA_1 \underline{\underline{\parallel}} DH_2$$
所以 $\qquad H_1H_2 \underline{\underline{\parallel}} AD$

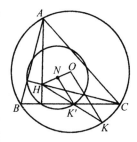

图 7.6

类似地,可以证明 $H_2H_3 \underline{\underline{\parallel}} BA$,$H_3H_4 \underline{\underline{\parallel}} CB$,$H_4H_1 \underline{\underline{\parallel}} DC$,则四边形 $H_1H_2H_3H_4$ 同 $ABCD$ 全等,因此,它也有外接圆,设为 $\odot O_1$. 其次,四个三角形的九心 N_1,N_2,N_3,N_4 分别为线段 OH_1,OH_2,OH_3,OH_4 的中点,那么四边形 $N_1N_2N_3N_4$ 是四边形 $H_1H_2H_3H_4$ 的位似形,因此也有外接圆,其圆心在 OO_1 中点 N'. 类似证 G_1,G_2,G_3,G_4 共圆.

如果把 $\odot N'$ 叫做圆内接四边形 $ABCD$ 的九点圆,那么对圆周上五点,任取其四点共构成五个四边形,可以证明,这五个四边形的九点圆心共圆,称为五边形的九点圆.这是三角形九点圆概念的推广. 还可以推广下去. 库利奇(L. Goolidge)在

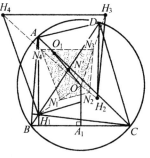

图 7.7

1910 年发表关于 n 边形九点圆的定理,矢野健太郎 1981 年在自己的书上用复数证明了 $n=4$ 和 5 的情形.

第 3 节 垂心组

设 H 为 $\triangle ABC$ 的垂心,那么 A 为 $\triangle BCH$ 的垂心,B 为 $\triangle CHA$ 的垂心,C

为 △AHB 的垂心;即四点中的任何一点,为其余三点构成的三角形的垂心.具有这种性质的四点组称为垂心组.但如果其中三点构成直角三角形,则第四点与直角顶点重合,形成退化组,以后我们不考虑这种情形.

下边来研究垂心组的性质.

定理 6　对任何不共线的三个点,总可找到唯一的第四点,与已知三点构成垂心组.

这不过是垂心定理(三角形三条高交于一点)的另一说法,现在看这定理的一个妙用.

【**例 4**】　AB 为 $\odot O$ 直径,P 为不在直线 AB 上也不在 $\odot O$ 上的一点,试单用直尺过 P 作 AB 的垂线.

这就是要求与 P,A,B 构成垂心组的第四点,直尺的功能在于过两点作直线,而已知圆和直径可以提供一定位置的直角,于是"逼"出如下方法(图 7.8):

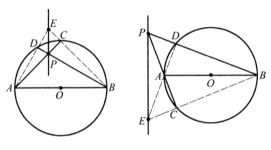

图 7.8

(1) 作 PA,PB,分别交 $\odot O$ 于点 C,D;

(2) 作直线 BC,DA,两直线交于 E;

(3) 作直线 PE,即为所求.

我们把三角形的高的垂足作为顶点的三角形叫做(垂心关于)已知三角形的垂足三角形.显见,锐角三角形的垂足三角形为内接三角形,直角三角形的垂足三角形退化成一条线段(斜边上的高),钝角三角形的垂足三角形已不再是内接三角形.

定理 7　垂心组构成的四个三角形有同一个垂足三角形.

画出图来看看,就知道这是明显的事实;而其原因,则由于垂心组构成的四个三角形的"边"和"高"都是相对的,而"垂足"乃是边和高的直交点.

由于三角形的九点圆就是垂足三角形的外接圆,因此,我们有

推论 1　垂心组构成的四个三角形,有同一个九点圆,以后,我们就称这九点圆为垂心组的九点圆.

推论 2　垂心组构成的四个三角形的外接圆相等.

这不过是定理1推论5的另一说法.据费尔巴哈定理(九点圆性质2),还有

推论 3　垂心组构成的四个三角形的16个内切或旁切圆,均同它的九点圆相切.

定理 8　垂心组构成的四个三角形的外心,构成另一个垂心组,且同已知垂心组关于它的九心对称.

如图 7.9 所示,△ABC 的九心 N 在 OH 中点,O,H 关于 N 对称.但 N 也是 △BCH 的九心,那么 △BCH 的外心 O_a 同它的垂心 A 也关于 N 对称,同理可知,O_b 和 B,O_c 和 C 也关于 N 对称,因此,O,O_a,O_b,O_c 构成垂心组.由上述推理中,还看出:

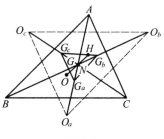

图 7.9

推论　一个垂心组与其四个三角形外心构成的垂心组有同一个九点圆.就是说:八个三角形有同一个九点圆.

再看三角形重心.由于垂心组 ABCH 的四个三角形重心 G,G_a,G_b,G_c 分别在四个三角形欧拉线上(图7.9),且将欧拉线分成相同的比:$GN:NH=G_aN:NA=G_bN:NB=G_cN:NC=1:3$,那么重心组 $G_aG_bG_cG$ 的四个三角形分别为原组 ABCH 四个三角形的位似形,位似比为1:3(且分居位似心 N 的两侧),因此有

定理 9　垂心组四个三角形的重心也构成垂心组,其四个三角形分别同前四个三角形位似,且两组的九点圆为同心圆.

最后,我们来看看内心和旁心.设 △ABC 在边 BC,CA,AB 外的旁心分别为 I_a,I_b,I_c(图7.10),由于 AI_a 和 I_bI_c 分别平分 ∠A 和 ∠A 的外角,故 $AI_a \perp I_bI_c$,因此有

定理 10　△ABC 的旁心和内心 $I_aI_bI_cI$ 构成垂心组,它的九点圆就是 △ABC 的外接圆.

上面几条定理已把垂心组和九点圆的性质刻画得淋漓尽致了.然而,天外有天,一个意想不到的事实,使我们得以用新的观点来看待它们,这意想不到的事实就是路易斯·布兰德(Louis Brand)在 1944 年发现的八点圆.我们来看看它的一个重要特例.

我们知道,一个四边形 ABCD,无论是凸的还是凹的,依次联结它的四边中点 A_1,B_1,C_1,D_1,总构成 ▱$A_1B_1C_1D_1$.特别地,当 ABCD 的对角线 AC⊥BD

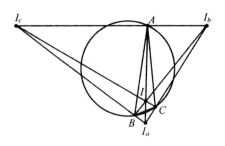

图 7.10

时,□$A_1B_1C_1D_1$ 成为矩形,有外接圆(图 7.11),A_1C_1 和 B_1D_1 都是这圆的直径.因此,A_1,B_1,C_1,D_1 各自在对边(所在直线)上的射影 E,F,G,H 也应在这圆上,从而得到八点圆.

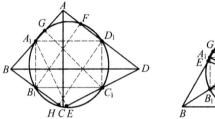 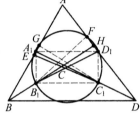

图 7.11

定理 11(八点圆定理) 如果一个四边形的对角线互相垂直,那么四边中点和它们各自在对边的射影这八点共圆.

如果四边形除对角线互相垂直外,两组对边还分别垂直,那么,每组对边的中点在对边上的射影重为一点,从而八点变为六点,八点圆成为六点圆,如图 7.12 所示,四边形 $ABHC$,对角线 $AH \perp BC$,边 $AB \perp CH$,$AC \perp BH$. 因此 C_1 在 CH 上的射影与 R 在 AB 上的射影合为一点 F. 同样,B_1 和 Q 各自在对边上的射影合为一点 E.

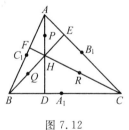

图 7.12

一个垂心组 $ABCH$,可以构成对角线和对边分别垂直的三个四边形 $ABHC,BCHA,CAHB$,它们共同的六点圆,就是这垂心组的九点圆,这样,我们就从另一角度重新论证了三角形九点圆定理.

第 4 节　费马点

我们来研究这样一个问题：分别以 △ABC 的边为一边向外侧作正 △ABC′，△BCA′，△CAB′，联结 AA′，BB′，CC′，再分别作三个正三角形外接圆 $\odot O_1$，$\odot O_2$，$\odot O_3$，会得到一些什么样的结果呢？

如果画出比较准确的图形（图 7.13），我们会惊奇地发现：

(1) $AA' = BB' = CC'$；

(2) 直线 AA'，BB'，CC' 交于一点 F；

(3) $\odot O_1$，$\odot O_2$，$\odot O_3$ 交于一点，交点也是 F；

(4) △$O_1O_2O_3$ 是正三角形.

这些都是真的吗？

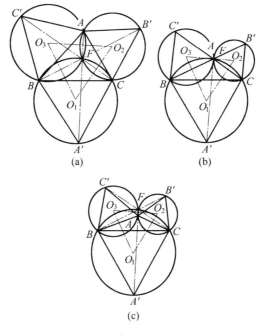

图 7.13

(1) 很容易证，只要注意到 △$ABA' \cong$ △$C'BC$，△$ACA' \cong$ △$B'CB$ 就可以了. 而只要证明了 (3)，(2) 和 (4) 就迎刃而解，因为如果这三个圆交于一点 F，在一般情形（指图 7.13(a)，情况 (b)，(c) 稍异）下，$\angle AFB = \angle BFC = \angle CFA = 120°$，于是 $\angle AFA' = \angle AFB + \angle BFA' = 120° + 60° = 180°$，说明直线 AA' 过点

F,同样证明 BB',CC' 过点 F,另外,由于相交两圆连心线垂直于公共弦,$\triangle O_1O_2O_3$ 自然是正三角形了. 据说,这个三角形是法国政治家拿破仑(Napoleon)发现的,后来就称 $\triangle O_1O_2O_3$ 为(外)拿破仑三角形.

我们来看(3). 设 $\overset{\frown}{AB}$ 和 $\overset{\frown}{AC}$ 交于一点 F,连 AF,BF,CF,对于(a) 有 $\angle AFB = \angle AFC = 120°$,因此 $\angle BFC = 120°$,说明 F 在 $\overset{\frown}{BC}$(劣弧) 上;对于(b),$\angle BAC = 120°$,F 同 A 重合,而 $\overset{\frown}{BC}$ 过点 A;对于(c),$\angle BAC > 120°$,$\angle AFB = \angle AFC = 60°$,因此也有 $\angle BFC = 120°$.

至于点 F,它绝非寻常之辈,长话短说,我们简介一下它的来历:17 世纪中叶,法国数学家费马在一则札记中提出一个问题:在平面上给定三点,试求第四点,使它到给定三点的距离之和最小,到 $\triangle ABC$ 三顶点距离之和为最小的点,通常叫做 $\triangle ABC$ 的费马点. 这是三角形中又一著名的特殊点. 卡瓦列利(F. B. Cavalieri,1598—1647)首先证明了.

定理 12 如果 $\triangle ABC$ 三个角均小于 $120°$,那么与三个顶点所张的角均为 $120°$ 的点,就是费马点.

这定理一个巧妙的证明是运用外接三角形,但要用到数学家维维安尼(Viviani,1622—1703)发现的如下优美定理:

定理 13(维维安尼) 正三角形上任一点到三边的距离之和为定值,即三角形的高.

而这不过是我们在第 6 章证明的定理 2 当 $\triangle ABC$ 为正三角形时的一个特例. 我们简述一下卡瓦列利定理证明的思路,其中颇多可汲取的教益.

设 $\triangle ABC$ 三内角均小于 $120°$,F 为 $\triangle ABC$ 内一点,使 $\angle AFB = \angle BFC = \angle CFA = 120°$(图 7.14). 作 $\triangle ABC$ 的外接 $\triangle A'B'C'$,使 $B'C' \perp FA$,$C'A' \perp FB$,$A'B' \perp FC$,则 $\triangle A'B'C'$ 为正三角形,据定理 13,有

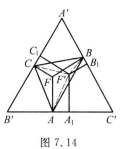

图 7.14

$$FA + FB + FC = H' \quad (\text{定值},\triangle A'B'C' \text{ 的高})$$

现在取不同于 F 的任一点 F',分别向三边作垂线 $F'A_1,F'B_1,F'C_1$,那么

$$F'A + F'B + F'C > F'A_1 + F'B_1 + F'C_1 = H'$$

可见,F 是费马点,外接三角形所起的作用是令人深思的.

现在看看 $\triangle ABC$ 有一个角,比如 $\angle A \geq 120°$ 的情形. 作出 $\triangle ABC$ 的外接 $\triangle A'B'C'$,使 $A'B' \perp AC$,$A'C' \perp AB$,$A'B' = A'C'$,则当 $\angle A = 120°$ 时(图 7.15(a)),$\triangle A'B'C'$ 为正三角形,前面的讨论有效,A 就是费马点;当 $\angle A >$

120°时,△$A'B'C'$不是正三角形,设F'为△$A'B'C'$内任一点,F'到$B'C'$,$C'A'$,$A'B'$的距离分别记作d_a,d_b,d_c,据第 6 章定理 2

$$d_a \sin A' + d_b \sin B' + d_c \sin C'$$
$$= AB \cdot \sin B' + AC \cdot \sin C'$$

但 $\angle B' = \angle C'$,$\sin A' = \sin 2B' = 2\sin B' \cos B'$,上式化为

$$d_a \cdot 2\cos B' + d_b + d_c = AB + AC$$

但 $\angle A' < 60°$,故 $\angle B' > 60°$,$\cos B' < \dfrac{1}{2}$,那么由图 7.15(b)可见

$$F'A + F'B + F'C > d_a + d_b + d_c$$
$$> d_a \cdot 2\cos B' + d_b + d_c$$
$$= AB + AC$$

可见,A 就是费马点.

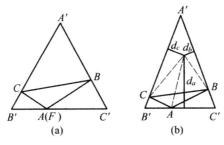

图 7.15

归纳一下费马问题的解:当△ABC各角均小于 120°时,同三边的张角均为 120°的点就是费马点;当有一个角等于或大于 120°时,这角顶点就是费马点.

本节开始对(2),(3)的讨论,给出了在一般情形下费马点的实际求法.设费马点到三边的距离之和为 f,则当 △ABC 各角 $\leqslant$ 120° 时,$f = AA' = H'$(△$A'B'C'$ 的高),当有一个角(例如 $\angle A$)$\geqslant$ 120° 时,$f = AB + AC$.

第 5 节　三角形共点圆举例

下面举出的几个问题,都是曾"轰动一时"的数学历史名题.

【例 5】　试研究密克(A. Miquel,约 1838 年)曾考虑过的如下两个问题:

(1)X,Y,Z 分别为 △ABC 各边所在直线 BC,CA,AB 上的点,那么 $\odot AYZ,\odot CXY,\odot BZX$ 有什么关系?

(2)两两相交但三三不共点的四条直线构成四个三角形,它们的外接圆有

什么关系?

在图7.16中,画出了(1)的四种情形,设⊙AYZ和⊙CXY交于点Y,M,连MX,MY,MZ,对情形(a),∠1=∠3而∠2同∠3互补,那么∠1同∠2互补,因此B,X,M,Z四点共圆,对其他情形,可类似证明⊙BZX过点M,因此(1)中的三圆共点.这个点M,就叫做"三角形(关于点X,Y,Z)的密克点".任给一组(X,Y,Z)(不取在顶点),都存在唯一的密克点,因此,每个三角形都有无穷多个密克点.

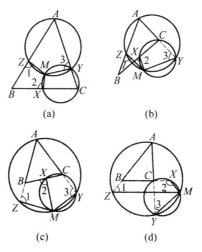

图7.16

为了考虑(2),我们画出图7.17.就△ABC来说,它关于点D,E,F的密克点M_1是⊙BDE和⊙CFE的交点(异于E的),而△ADF关于B,E,C的密克点M_2也是⊙BDE和⊙CFE的异于E的交点,因此M_1和M_2重合为点M,这说明四个三角形的外接圆交于一点M,M叫做"完全四边形ADBECF的密克点".

关于密克点性质的探讨,是很不够的.

【例6】 在△MNP中,试证:过P而切MN于M的⊙C_1、过M而切NP于N的⊙C_2同过N而切PM于P的⊙C_3,这三圆共点.

如果设⊙C_1同⊙C_2交于点B(图7.18),联结MB,NB,PB,那么

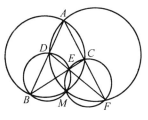

图 7.17

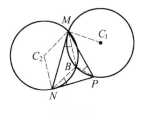

图 7.18

$$\angle BNP = \angle BMN = \angle BPM$$

因此,过 B,N,P 的圆必与 PM 切于 P,所以也就是 $\odot C_3$,从而证明了例 6 中说的三个圆 C_1,C_2,C_3 交于一点 B.

这是布洛卡(A. Brocard,1845—1922)提出并证明的一个命题,以后就称 B 为 $\triangle MNP$ 的(正)布洛卡点. 同样,过 P 切 MN 于 N,过 M 切 NP 于 P,过 N 切 PM 于 M 的三圆 C_1', C_2', C_3' 的公共点 B' 就叫做 $\triangle MNP$ 的负布洛卡点.

对于三角形的布洛卡点的性质,人们已做了比较深入的探讨.

【例7】 在 $\triangle ABC$ 三边上各向外侧作 $\triangle ABD$,$\triangle BCE$,$\triangle CAF$,使 $\angle D+\angle E+\angle F=180°$,证明:这三个三角形的外接圆共点.

证明的思路与例 6 无异:设其中的两条弧,例如 $\overset{\frown}{AB},\overset{\frown}{AC}$ 交于点 K(图 7.19),联结 AK,BK,CK,证明 $\angle BKC$ 与 $\angle E$ 互补就行了.

此题的条件和结论表明,它正是拿破仑问题、费马问题以及布洛卡问题的统一和推广.

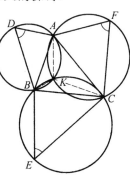

图 7.19

【例8】 三个半径均为 R 的圆 O_1,O_2,O_3 交于一点 P,另外的交点分别为 P_1,P_2,P_3,则 $\triangle P_1P_2P_3$ 外接圆半径也是 R.

由于 $O_2P_3 \underline{\underline{\parallel}} O_1P \underline{\underline{\parallel}} P_2O_3$,则 $P_2P_3 = O_3O_2$,同样,$P_1P_2 = O_2O_1$,$P_3P_1 = O_1O_3$,$\triangle P_1P_2P_3 \cong \triangle O_1O_2O_3$,而 $\triangle O_1O_2O_3$ 的外接圆正是以 P 为圆心,以 $PO_1 = R$ 为半径的圆(图 7.20).

这是美国几何学家约汉逊(Johnson)1916 年发现的一个优美结果,上面写的大体是他的证法,后来,别恩哈特(Bernhart)通过直接找 $\triangle P_1P_2P_3$ 的外心,

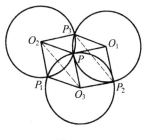

图 7.20

伊利诺斯大学的耶姆什应用分析公共弦从等圆上截下等弧的方法,也都巧妙地给出了证明,时间恰巧也是 1916 年,真是无巧不成书,这也许意味着还有别的证法.

练习 7

1. 三角形内心和旁心两两连线,共 $C_4^2 = 6$(条),试证明:这六条线段的中点共圆,即三角形外接圆.

2. 求证:三角形一边中点、此边上高的垂足以及此边两端点在其对角平分线上的射影,这四点共圆.

3. 非直角 $\triangle ABC$ 中,H 为垂心,P,Q,R 分别为 AH,BH,CH 中点,D 为 A 在 BC 上的射影,A_1,B_1,C_1 分别为 BC,CA,AB 的中点,求证:$\triangle PQR \cong \triangle A_1B_1C_1 \cong \triangle DB_1C_1$.

4. 三角形一边和其对角不变,九心的轨迹是什么?

5. 已知 $\triangle ABC$ 的一个顶点 A、九心 N、垂心 H,求作 $\triangle ABC$.

6. 设三角形三个角均小于 $120°$,如果符合下列条件之一,必为正三角形:

(1) 费马点与外心重合;

(2) 费马点与九心重合.

7. $\triangle ABC$ 的 $\angle A = 60°$,试证:B,C,I,H 共圆.

8. 分别在 $\triangle ABC$ 两边 AB,BC 上向外侧作正方形 $ABED$ 和 $BCGF$,再以第三边为对角线作正方形 $AKCH$,则三个正方形外接圆交于一点.

9. 若圆内接四边形对角线互相垂直,则对角线交点在各边上的射影同各边中点这八点共圆.

10. P,Q,R,S 为平面四点,若 $PQ \perp RS$,$PR \perp QS$,则 P,Q,R,S 为垂心组.

11. 过一点 H 的三个等圆的另外三个交点为 A,B,C,则 A,B,C,H 为垂心组.

12. 过 $\triangle ABC$ 各顶点分别作对边的平行线,交出 $\triangle XYZ$,则 $\triangle ABC$ 的九点圆分别同 $\triangle XBC,\triangle YCA,\triangle ZAB$ 的九点圆相切于边 BC,CA,AB 的中点.

第8章 三角形的共线点与共点线

第1节 塞瓦定理

我们知道,三角形三内角平分线、三边中线和三条高分别共点,所共的点分别为内、重、垂三心;还有九心和费马点,也是从三顶点引出的某种线的交点,我们已经分别考察了它们的性质.有统一的处理方法吗? 意大利数学家塞瓦(G. Ceva,1648—1734)研究了这些点的共同性质,于1678年发表了如下定理.

定理1(塞瓦) P 为 $\triangle ABC$ 所在平面上一点,直线 AP,BP,CP 分别交对边所在直线于 L,M,N,则

$$\frac{BL}{LC} \cdot \frac{CM}{MA} \cdot \frac{AN}{NB} = 1 \tag{1}$$

对图8.1中的三种情形,均可用共边定理(第6章定理1)加以验证

$$\frac{BL}{LC} \cdot \frac{CM}{MA} \cdot \frac{AN}{NB} = \frac{S_{\triangle ABP}}{S_{\triangle ACP}} \cdot \frac{S_{\triangle BCP}}{S_{\triangle ABP}} \cdot \frac{S_{\triangle ACP}}{S_{\triangle BCP}} = 1$$

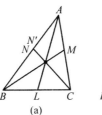 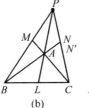 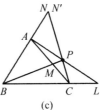

(a) (b) (c)

图 8.1

但图中画的都是 P 在 $\triangle ABC$ 边所在直线外的情形(这是最基本最重要的),如果 P 在某一边所在直线上,那么分子、分母各自的三条线段中,各有一条缩为点,如把式(1)写为

$$BL \cdot CM \cdot AN = LC \cdot MA \cdot NB$$

可知仍然成立,但已不说明什么问题,以后我们不考虑这种情形.

【例1】 如图8.2所示,$PQ \parallel BC$,求证:BQ,CP 的交点 X 在 BC 边的中线

上,反之亦然.

设 AX 延长线交 BC 于 A_1,则
$$\frac{BA_1}{A_1C} \cdot \frac{CQ}{QA} \cdot \frac{AP}{PB} = 1 \qquad (2)$$

但由 $PQ \parallel BC$ 知 $\frac{AP}{PB} = \frac{QA}{CQ}$;代入式(2),得 $BA_1 = A_1C$.反之,设 X 为中线 AA_1 上任一点,则式(2)成立且 $BA_1 = A_1C$,于是 $\frac{AP}{PB} = \frac{QA}{CQ}$,故 $PQ \parallel BC$.

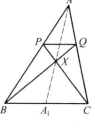

图 8.2

塞瓦定理虽然说的是由三角形顶点引出的共点线的性质,但也可以用来判定三线共点问题,证明它的逆定理就是一例.

定理 2(塞瓦逆定理) 设 L,M,N 分别为 $\triangle ABC$ 的边 BC,CA,AB 所在直线上的点,若式(1)成立,则 AL,BM,CN 共点.

为此,设 AL,BM 交于点 P(图 8.2),CP 交直线 AB 于 N',则
$$\frac{AN'}{N'B} \cdot \frac{BL}{LC} \cdot \frac{CM}{MA} = 1$$

但已知式(1)成立,从而 $\frac{AN'}{N'B} = \frac{AN}{NB}$.线段定比分点是唯一的,所以 N' 与 N 重合,即 AL,BM,CN 交于一点.

推论 1(重心定理) 三角形三条中线交于一点.

推论 2(内心定理) 三角形三内角平分线共点.

推论 3(旁心定理) 三角形一条内角平分线与另两角的外角平分线共点.

推论 4(垂心定理) 三角形三条高共点.

作非直角 $\triangle ABC$ 各边上的高(图 8.3),则
$$\frac{BD}{DC} \cdot \frac{CE}{EA} \cdot \frac{AF}{FB} = \frac{c\cos B}{b\cos C} \cdot \frac{a\cos C}{c\cos A} \cdot \frac{b\cos A}{a\cos B} = 1$$

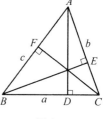

图 8.3

【例 2】 设 $\triangle ABC$ 内切圆同边 BC,CA,AB 的切点分别为 P,Q,R,求证:AP,BQ,CR 交于一点.

由于 $AQ = AR = p_a, BR = BP = p_b, CP = CQ = p_c$,定理 2 的条件很容易验证.

如果取三个旁切圆分别同三边的切点 P', Q', R',由于 $BP' = Q'A = p_a$,$P'C = AR' = p_b, CQ' = R'B = p_c$,结论仍然成立.

以后,我们称 AP, BQ, CR 的交点 G' 为格尔刚(Gergonne)点,$AP', BQ',$

CR' 的交点 N' 为纳格尔(Nagel)点,这也是三角形中两个重要的点.

【例 3】 以 $\triangle ABC$ 三边为底,分别向外(内)侧作相似的等腰三角形 $\triangle ABC'$, $\triangle BCA'$, $\triangle CAB'$,则 AA', BB', CC' 三线共点.

由于(图 8.4)$\angle CBC'=\angle ABA'$, $\dfrac{BA}{BC}=\dfrac{BC'}{BA'}$,那么 $S_{\triangle ABA'}=S_{\triangle CBC'}$. 同样
$$S_{\triangle BCB'}=S_{\triangle ACA'}, S_{\triangle CAC'}=S_{\triangle BAB'}$$
故
$$\frac{BD}{DC}\cdot\frac{CE}{EA}\cdot\frac{AF}{FB}=\frac{S_{\triangle ABA'}}{S_{\triangle ACA'}}\cdot\frac{S_{\triangle BCB'}}{S_{\triangle BAB'}}\cdot\frac{S_{\triangle CAC'}}{S_{\triangle CBC'}}=1$$
由定理 2 知结论成立.

这是新疆巴音郭楞的张启渠发现并证明的美妙定理,是对三角形三边上作等边三角形(如拿破仑问题)这一类问题的推广. 他还把命题推广到具有外接圆的相似多边形.

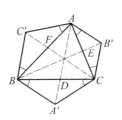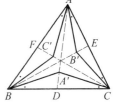

图 8.4

应用面积方法,还可以解决由三角形顶点引出的共点线被交点截出的线段的比例问题. 我们有

定理 3 P 为 $\triangle ABC$ 内一点,AP, BP, CP 延长线分别交对边于点 L, M, N,则
$$\frac{AP}{PL}=\frac{AM}{MC}+\frac{AN}{NB}$$

分别作 BD ∥ AL, CE ∥ AL (图 8.5),应用相似三角形很容易证. 也可以用面积法

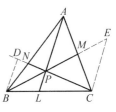

图 8.5

$$\frac{AP}{PL}=\frac{S_{\triangle APB}+S_{\triangle APC}}{S_{\triangle BPC}}=\frac{S_{\triangle APB}}{S_{\triangle BPC}}+\frac{S_{\triangle APC}}{S_{\triangle BPC}}=\frac{AM}{MC}+\frac{AN}{NB}$$

如果让 P 分别重于 G, I, H, G',就得出一些有用的公式
$$\frac{AG}{GL}=1+1=2$$
$$\frac{AI}{IL}=\frac{b}{a}+\frac{c}{a}=\frac{b+c}{a}$$
$$\frac{AH}{HL}=\frac{c\cos A}{a\cos C}+\frac{b\cos A}{a\cos B}=\cot A(\tan B+\tan C)$$
$$\frac{AG'}{G'L}=\frac{p_a}{p_b}+\frac{p_a}{p_c}=\frac{ap_a}{p_b p_c}$$

第 8 章 三角形的共线点与共点线

第2节　梅涅劳斯定理

共点线问题和共线点问题是有着密切联系的,因此,塞瓦和梅涅劳斯(D. Menelaus)的名字常常被人们相提并论,然而,上节我们说过,塞瓦是17~18世纪的意大利人,而梅涅劳斯是公元1世纪的希腊数学家,如果一直活着,要比塞瓦大1 600多岁.

定理 4(梅涅劳斯)　不经过顶点的直线交 △ABC 或其延长线于点 X, Y, Z,则

$$\frac{AX}{XB} \cdot \frac{BY}{YC} \cdot \frac{CZ}{ZA} = 1 \tag{3}$$

图 8.6 中画出了两种可能的情形,应用面积方法

$$\frac{AX}{XB} \cdot \frac{BY}{YC} \cdot \frac{CZ}{ZA} = \frac{S_{\triangle AYZ}}{S_{\triangle BYZ}} \cdot \frac{S_{\triangle BYZ}}{S_{\triangle CYZ}} \cdot \frac{S_{\triangle CYZ}}{S_{\triangle AYZ}} = 1$$

这是三角形三边上共线点的性质,这性质是否也为四边形所具有呢? 无锡二中学生(当时上高中三年级)周敏和杨洪于1986年证明了如下定理.

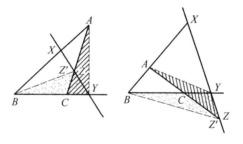

图 8.6

定理 5(周敏－杨洪)　不过顶点的直线交凸四边形 ABCD 各边或其延长线于点 H, F, G, E,则

$$\frac{AH}{HB} \cdot \frac{BF}{FC} \cdot \frac{CG}{GD} \cdot \frac{DE}{EA} = 1 \tag{4}$$

图 8.7 中画出了两种可能的情形.采用多边形常用的处理手法:作对角线化为三角形来考虑.两条对角线中,至少有一条与直线 EF 相交.设 AC 与直线交于 O,那么在 △ABC 和 △ADC 中分别用定理4,将所得到的两式相乘就可以了.

顺着这条思路,可否推广到多边形或凹四边形上去呢?

为了判断分别在三角形三边上的点是否共线,需要

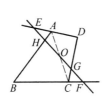 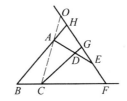

图 8.7

定理 6(梅涅劳斯逆定理) 在三角形三边或其延长线上分别取点 X,Y,Z(至少有一点在边的延长线上),若式(3)成立,则 X,Y,Z 三点共线.

设 XY 交 AC 或其延长线于 Z'(图 8.6),象证明塞瓦逆定理那样,易证定理 6.

此定理的用途是非常广泛的.例如,由于内、外角平分线的性质,可证明,三角形两内角平分线与第三角的外角平分线各自同对边相交的三个交点共线,三个角的外角平分线同对边相交的三个交点共线,特别,由于一个锐角三角形的三边分别是它垂足三角形的外角平分线,因此,如果垂足三角形三边与已知三角形的相应边相交,则三个交点共线.

【例 4】 如果过三角形三个顶点作其外接圆的切线都与对边相交,那么三交点共线.

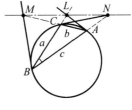

图 8.8

如图 8.8 所示,$\angle LAC = \angle B$,$\triangle ALB \backsim \triangle CLA$,则

$$AL:LC = AB:AC = c:b$$

又

$$AL^2 = LB \cdot LC$$

所以 $LB \cdot LC : LC^2 = AL^2 : LC^2 = c^2 : b^2$

即

$$\frac{LB}{LC} = \frac{c^2}{b^2}$$

同样

$$\frac{MC}{MA} = \frac{a^2}{c^2}, \frac{NA}{NB} = \frac{b^2}{a^2}$$

因此

$$\frac{LB}{LC} \cdot \frac{MC}{MA} \cdot \frac{NA}{NB} = 1$$

L,M,N 三点共线.

巧妙地计算 $\frac{LB}{LC}$ 是解此题的关键.我们再看一个同对称点有关的共线问题.

【例 5】 三角形任何截线同各边交点关于该边中点的对称点共线.

以 L',M',N' 表示 BC,CA,AB 上的点 L,M,N 关于各自中点的对称点,则

第 8 章 三角形的共线点与共点线

$BL' = LC$ 等. 因此
$$\frac{BL'}{L'C} \cdot \frac{CM'}{M'A} \cdot \frac{AN'}{N'B} = \frac{LC}{BL} \cdot \frac{MA}{CM} \cdot \frac{NB}{AN}$$
如果 L, M, N 共线,等式右边为 1,故 L', M', N' 共线.

第3节 类似重心

三角形一条中线关于从同一顶点引出的内角平分线的对称线,称为三角形的类似中线.三角形有三条类似中线.

为了讨论类似中线的性质,应当了解逆平行线的概念.如果 $ABCD$ 为圆内接四边形,那么一组对边就称为另一组对边的逆平行线.例如图 8.9 中,$NBCM$ 为圆内接四边形,NB 和 MC 就是(关于 MN 和 BC 的)一组逆平行线.类似中线有下列性质.

性质 1 从三角形一角顶点引出的类似中线同这角一边的夹角等于中线同另一边的夹角.

性质 2 三角形一条边的类似中线,平分此边的逆平行线.

以 $\angle A$ 平分线 AD 为轴,翻折 $\triangle AMN$,使 AM 与 AM' 重合,那么 BC 的逆平行线 MN 变成 BC 的平行线 $M'N'$,类似中线 AA_1 变成中线 AA'(图 8.9),AA_1 与 MN 的交点 F 变为 $M'N'$ 中点 F',因此 F 为 MN 中点.

就如同三角形一边的中线是三角形中平行于这边的线段中点的轨迹一样,由性质 2 及其逆命题(也是正确的)可知,类似中线为这边逆平行线段中点的轨迹.

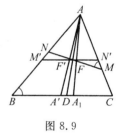

图 8.9

性质 3 类似中线上任一点到夹此类似中线的两边的距离比,等于两边之比.

由于中线将原三角形分为两个等面积的三角形,因此,中线上任一点到夹此中线的两边的距离比等于该两边之反比,再由类似中线定义即知.

性质 3 的逆命题也真:到三角形两边距离比等于此两边之比的点,必在类似中线上.

性质 4 三角形一边被类似中线分成的两部分的比,等于两邻边的平方比.

由图 8.10 及性质 3,有

$$\frac{A_1B}{A_1C}=\frac{S_{\triangle AA_1B}}{S_{\triangle AA_1C}}=\frac{cx}{by}=\frac{c}{b}\cdot\frac{x}{y}=\frac{c^2}{b^2}$$

此性质预示了三角形三条类似中线共点.

性质 5 三角形一边的类似中线（或中线）上任一点,在两邻边上射影的连线,垂直于同一顶点引出的中线（类似中线）.

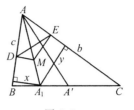

图 8.10

设 M 为类似中线 AA_1 上任一点, AA' 为中线（图 8.10）,D,E 为 M 的射影,则 A,D,M,E 共圆

$$\angle DEM=\angle DAM=\angle A'AE, ME\perp AC$$

故 $DE\perp AA'$.

性质 6 三角形一边的类似中线过三角形外接圆在此边两端点的切线的交点.

首先,过三角形一顶点的切线,例如 BP,由于 $\angle CBP=\angle A=\angle FDB$,所以它平行于垂足三角形 EFD 的一边 DF,而 DF 同 AC 为逆平行线（图 8.11(a)）,因此,三角形的截线只要平行于 BP,就是边 AC 的逆平行线.在图 8.11(b) 中,P 是两条切线的交点,AP 交 BC 边于 Q,作 $QS\parallel BP$,$QT\parallel PC$,则 $QS=QT$,而 QS 和 QT 分别为 AC 和 AB 的逆平行线;过 Q 作 BC 的逆平行线 XY,交 AC 于 X,交 AB 延长线于 Y,则 $\angle Y=\angle C=\angle QSY$,$\angle QXT=\angle QBY=\angle QTX$,即 $YQ=QS=QT=QX$,由性质 2 的逆命题知,AP 是类似中线,即类似中线过点 P.

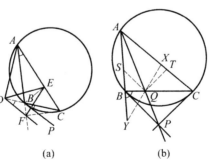

(a)   (b)

图 8.11

定理 7（类似重心定理） 三角形三条类似中线共点.

此定理的证法甚多,最简单的莫过于应用性质 4 和塞瓦逆定理:设 AA_1,BB_1,CC_1 为 $\triangle ABC$ 的类似中线,同 BC,CA,AB 分别交于 A_1,B_1,C_1,那么

$$\frac{BA_1}{A_1C} \cdot \frac{CB_1}{B_1A} \cdot \frac{AC_1}{C_1B} = \frac{c^2}{b^2} \cdot \frac{a^2}{c^2} \cdot \frac{b^2}{a^2} = 1$$

因此 AA_1, BB_1, CC_1 共点.

我们称三条类似中线的交点为三角形的类似重心或来莫恩(Lemoine)点,常以 L 表示,它有如下性质:

(1) 设类似重心 L 在 $\triangle ABC$ 三边的射影分别为 K, M, N,则 $\triangle KMN$ 的重心就是 L.

(2) 联结三角形各边中点与该边上高的中点,所得的三条线交于一点,这点为类似重心.

【例 6】 在 $\triangle ABC$ 各边上向外侧作正方形,此三个正方形的外侧边向两端延长构成 $\triangle A'B'C'$,则两个三角形对应顶点连线交于一点,这点为 $\triangle ABC$ 的类似重心.

容易看出(图 8.12) $\triangle ABC$ 与 $\triangle A'B'C'$ 为位似形(见本章第 4 节),所以 AA', BB', CC' 共点 L,又 A' 到 AB, AC 的距离分别为 c, b,即与此两边成比例,因而 $A'A$ 是 $\triangle ABC$(以及 $\triangle A'B'C'$) 的类似中线. 同样,$B'B$ 和 $C'C$ 也是类似中线,所以 L 为 $\triangle ABC$(也是 $\triangle A'B'C'$) 的类似重心.

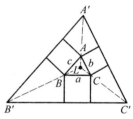

图 8.12

定理 8 过类似重心分别平行于三角形三边的直线,同三边相交的六个点共圆.

L 为 $\triangle ABC$ 的类似重心(图 8.13),过 L 分别平行于三边的直线为 JI, ED, FG. $\square AFLD$ 对角线 FD 被 AL 平分,但 AL 为类似中线,故 FD 为 BC 的逆平行线,$JI \parallel BC$,JI 与 FD 互为逆平行线,即 D, F, J, I 共圆,同样,JE 为 AC 的逆平行线,$\angle BJE = \angle C = \angle AFD$,四边形 $JEDF$ 为等腰梯形. 可见,E 在 $\odot FJD$ 上,类似证 G 在 $\odot FJD$ 上,可见六点共圆.

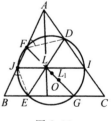

图 8.13

可以证明,定理 8 中说的圆,其圆心在 LO 中点 L_1. $\odot L_1$ 就叫做第一来莫恩圆. 由于三角形三边过类似重心 L 的逆平行线相等且被 L 平分,因而与三边的六个交点也共圆,圆心为 L,$\odot L$ 称为第二来莫恩圆或余弦圆.

第4节 迪沙格定理

应用梅涅劳斯定理和塞瓦定理,我们可以证明两条集共线共点问题之大成的重要射影几何定理,这是法国建筑师迪沙格(G. Desargue,1591—1661)发现的.

定理 9(迪沙格) 若 $\triangle ABC$ 与 $\triangle A'B'C'$ 对应顶点连线 AA',BB',CC' 交于一点,那么 AB 与 $A'B'$,BC 与 $B'C'$,CA 与 $C'A'$ 的交点 F,D,E 共线.

要证 D,E,F 共线,就要把它们看做某个三角形(例如 $\triangle ABC$)边所在直线上的点,作出三个比的乘积,并证明它等于1(图 8.14)

$$\frac{AF}{FB}\cdot\frac{BD}{DC}\cdot\frac{CE}{EA}=1$$

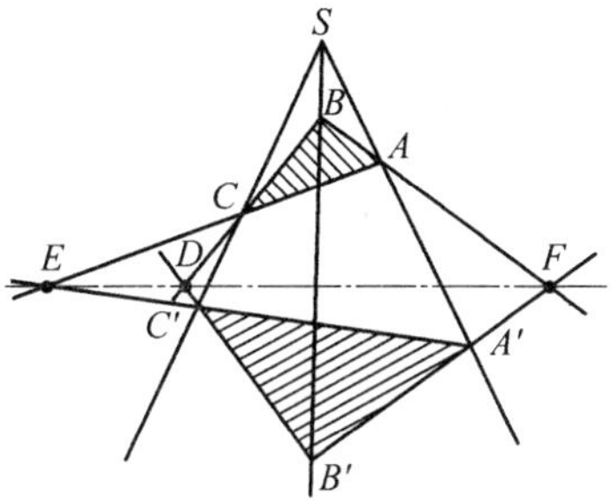

为了应用已知条件,可以考虑直线 FA' 截 $\triangle SAB$,DB' 截 $\triangle SBC$,EC' 截 $\triangle SCA$,得到的等式分别为

$$\frac{SA'}{A'A}\cdot\frac{AF}{FB}\cdot\frac{BB'}{B'S}=1,\frac{SB'}{B'B}\cdot\frac{BD}{DC}\cdot\frac{CC'}{C'S}=1$$

$$\frac{SC'}{C'C}\cdot\frac{CE}{EA}\cdot\frac{AA'}{A'S}=1$$

图 8.14

注意到字母的顺序不影响线段的长度,三式相乘,就是所要的等式.

反过来,由三角形对应边交点共线,我们也可以证明对应顶点连线交于一点.

定理 10(迪沙格逆定理) 若 $\triangle ABC$ 和 $\triangle A'B'C'$ 对应边 BC 与 $B'C'$,CA 与 $C'A'$,AB 与 $A'B'$ 的交点 D,E,F 共线,则对应顶点连线 AA',BB',CC' 共点.

和前边一样,要证三线共点.可以化成三点共线的问题来解决.比如,设 AA',BB' 交于 S(图 8.14),只要证 S,C,C' 三点共线就行了.于是,可以考虑 $\triangle BB'D$(或 $\triangle AA'E$),即只要证

$$\frac{BS}{SB'}\cdot\frac{B'C'}{C'D}\cdot\frac{DC}{CB}=1$$

就行了.而由已知条件,确可办到这一点.

应当说明,定理中的"共点",是包含"平行"在内的.因为射影几何认为"平行"是相交于"无穷远点",是共点的一种特殊情形.因此,定理 9,10 也可以叙述成:若 $\triangle ABC$ 和 $\triangle A'B'C'$ 对应顶点连线 AA',BB',CC' 互相平行或交于一点,

那么对应边 AB 与 $A'B'$，BC 与 $B'C'$，CA 与 $C'A'$ 互相平行或各自相交而三个交点共线，反之亦然.

推论 对应边平行的两个三角形必为位似形.

因为，根据迪沙格定理，这两个三角形对应顶点连线互相平行或交于一点，它们本为相似形，因此位似. 上节的例 6 中，我们曾经用到这一点.

这定理如果在空间，那是非常明显的，两个三角形实际上是一个三棱锥（柱）面的两个截口，因此，要"直接"证明，可先证空间情形，对平面情形，可在平面外作一个"媒介三角形"来证. 因为应用塞瓦和梅涅劳斯定理，"平行"的情形实际上未予考虑.

应用迪沙格定理证题常常是非常简明的，其关键在于找到一对适当的三角形.

【**例 7**】 在 $\triangle ABC$ 各边上向外侧作正 $\triangle BCD$，$\triangle CAE$，$\triangle ABF$，则 EF 与 BC，FD 与 CA，DE 与 AB 的交点 X,Y,Z 共线.

在讨论费马问题和拿破仑三角形时，我们见过类似的构图（如图 7.13），因已知 AD，BE，CF 共点，X,Y,Z 自应共线.

【**例 8**】 直线 AB 与 CD 交于 U，AC 与 BD 交于 V，UV 分别交 AD，BC 于 F，G，直线 BF 与 AC 交于 L（图 8.15），求证：三直线 LG，CF，AU 共点.

寻找对应边交点共线的两个适当的三角形，是解此题的关键；而直线 BVD 启发我们：可考虑 $\triangle AFL$ 和 $\triangle UCG$.

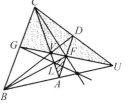

图 8.15

【**例 9**】 试证：任意四边形两组对边中点连线与两对角线中点连线共点.

通常证法要证两个平行四边形，而用对角线互相平分的性质. 应用迪沙格定理，（图 8.16）只要证 $\triangle EHN$ 和 $\triangle GFM$ 三组对边分别平行，即知对应顶点连线共点. 这里，我们又一次遇到位似形.

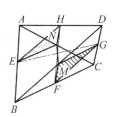

图 8.16

练习 8

1. 应用塞瓦逆定理，证明其推论 1～3.
2. 试证：梯形两腰延长线交点、两对角线交点同两底中点共线.

3. P 为 $\triangle ABC$ 内一点,延长 AP,BP,CP,分别交对边于 L,M,N,求证
$$\frac{PL}{AL}+\frac{PM}{BM}+\frac{PN}{CN}=1$$
试问：
$$\frac{AP}{AL}+\frac{BP}{BM}+\frac{CP}{CN}=?$$

4. 自一点 P 引线段 PA,PB,PC(顺时针排列),如果 $\angle APB+\angle BPC<180°$,试证明:$A,B,C$ 三点共线的条件是
$$S_{\triangle APB}+S_{\triangle BPC}=S_{\triangle APC}$$

5. 一个圆和 $\triangle ABC$ 的边 BC,CA,AB 分别交于 $A_1,A_2;B_1,B_2;C_1,C_2$,若由 A_1,B_1,C_1 引各自所在边的垂线共点,则由 A_2,B_2,C_2 引各自所在边的垂线也共点.

6. P 为 $\triangle ABC$ 内一点,L,M,N 分别为 AP,BP,CP 中点,A',B',C' 分别为 BC,CA,AB 中点,则 LA',MB',NC' 三线共点.

7. D,E,F 分别为 $\triangle ABC$ 的边 BC,CA,AB 上的点,过 D,E,F 分别作其所在边的垂线,这些垂线共点的充要条件是
$$AF^2+BD^2+CE^2=FB^2+DC^2+EA^2$$

8. 求证:直角三角形的类似重心是它弦上高的中点.

9. 求证:类似重心 L 总在三角形外接圆内,L 是否总在三角形内?

10. 在一个三角形中,较大边上的类似中线较小;如两边上的类似中线相等,则这两边也相等.

11. 自一顶点引出的三角形类似中线与中线的比,等于两邻边之积的 2 倍同此两边平方和的比.

12. $\triangle ABC$ 三条类似中线分别交其外接圆于 P,Q,R,求证:$\triangle PQR$ 和 $\triangle ABC$ 有同一类似重心.

13. $\triangle DEF$ 为 $\triangle ABC$ 的垂足三角形,求证:两三角形对应边交点共线.

14. 圆内接六边形 $ABCDEF$ 对边 AB 与 DE,BC 和 EF,CD 和 FA 的延长线分别交于 X,Y,Z,求证:X,Y,Z 共线.

第9章 西姆松线

西姆松(R.Simson,1687—1768)是18世纪一位不太著名的数学家,曾任格拉斯哥大学教授.但他发现的一条将圆、三角形和直线三者密切结合的定理,却出了名,因为这被看做是三角形研究中一项重要成就.

第1节 西姆松定理

定理 1(西姆松) 过三角形外接圆上任一点作三边的垂线,三垂足共线.

设 P 为 $\triangle ABC$ 外接圆 O 上一点,L,M,N 为三个垂足.为证此定理,可以有如下几条思路:比如,把 L,M,N 看做 $\triangle ABC$ 三边分点,应用梅涅劳斯定理,或就图 9.1 来说,证明 $\angle PNM = \angle PNL$,或证明 $\angle NML = 180°$,或证明 MN 和 ML 都平行于某一条直线(比如直线 BK),或者用解析法.我们具体地说一种:

由于 $AMPN, NBLP$ 都是圆内接四边形,因此
$$\angle PNM = \angle PAM = \angle PAC = \angle PBC = \angle PNL$$
所以 M,N,L 共线.

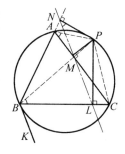

图 9.1

定理也可以说成:三角形外接圆上任何点在三边上的射影共线.这条线就叫做西姆松线(或垂足线),P 称为西姆松线的极,如果 P 在三角形顶点,那么得到的西姆松线就是三角形的高,西姆松线有丰富的性质.

性质 1 过三角形外接圆上一点作三角形一边的垂线,交外接圆于另一点,这点与这边所对顶点的连线平行于西姆松线.

写来费解,可用图 9.2 解释就很清楚:P 在 AB,BC 的射影为 T_2,T_1,延长 PT_1,交圆于 K,由于 $\angle 1 = \angle 2 = \angle 3$,则 $AK \parallel T_1T_2$.

性质 2 沿任一方向有且只有一条西姆松线.

过 $\triangle ABC$ 任一顶点,比如 B,作 BK 指向已知方向(图 9.3).过 K 作 $KM \perp AC$ 于 M,延长之,交外接圆于 P,过 P 再作 $PL \perp BC$ 于 L,易证过 ML 的直线(即西姆松线) $l \parallel BK$,且 P 和 l 都是唯一的.

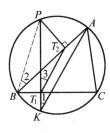
图 9.2

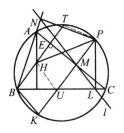
图 9.3

性质 3 垂心与极的连线被西姆松线平分.

延长 BE,交 $\odot ABC$ 于 T(图 9.3).过垂心 H,作 $HU \parallel BK$,交 PK 于 U.则 $HU = BK = TP$,且 $HUPT$ 为等腰梯形.而 E 为 HT 中点(垂心性质,见第 7 章第 2 节九点圆性质 3),故 M 为 UP 中点,而 $MN \parallel HU$,因此 MN 平分 HP.

性质 4 外接圆上任意两点的西姆松线间的夹角,等于此两点间弧的度数的一半.

P,P' 为 $\odot ABC$ 上的两个点(图 9.4).过 P,P' 作 AC 垂线,交 $\odot ABC$ 于 K,K',则 P,P' 为极的西姆松线分别平行于 BK 和 BK',故其夹角

$$\angle KBK' = \frac{1}{2}\stackrel{\frown}{KAK'} \text{度数} = \frac{1}{2}\stackrel{\frown}{PAP'} \text{度数}$$

性质 5 三角形外接圆直径两端点为极的西姆松线互相垂直,且垂足在九点圆上.

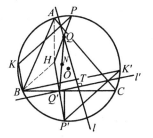
图 9.4

由性质 4,立得前一结论;又,两条西姆松线 l 和 l' 分别过 HP 和 HP' 中点 Q 和 Q'(性质 3),而 Q 和 Q' 在九点圆上(第 7 章第 2 节九点圆性质 3),而已知 PP' 为 $\odot ABC$ 直径,因此 $PP' = 2R$,$QQ' = R$ 为九点圆直径,所以 l,l' 的垂直交点 T 在九点圆上(图 9.4).

性质 6 圆上任一点对其两个内接三角形的西姆松线间的夹角为定值.

由于 P 对 $\triangle ABC$ 和 $\triangle A'B'C'$ 的西姆松线分别平行于 BK 和 $B'K'$,因此它们间的夹角(图 9.5)

$$\angle K'TK = \frac{1}{2}(\stackrel{\frown}{K'B} \text{度数} - \stackrel{\frown}{KB'} \text{度数})$$

$$= \frac{1}{2}|\stackrel{\frown}{K'K} \text{度数} - \stackrel{\frown}{B'B} \text{度数}|$$

但 $\stackrel{\frown}{B'B}$ 为定弧,$\stackrel{\frown}{K'K}$ 度数 $= 2\angle K'PK = \stackrel{\frown}{A'A} + \stackrel{\frown}{C'C}$(度数),即 $\stackrel{\frown}{K'K}$ 为定弧,

故 $\angle K'TK$ 与 P 位置无关.

【例1】 过圆上一点画三条弦,则分别以此三弦为直径的圆两两相交于三个共线点.

如图 9.6 所示,M 为 $\odot O$ 上一点,$MP \perp PA$ 和 PB,故 P,A,B 共线.类似地,Q,C,A 共线,R,B,C 共线.考虑 $\triangle ABC$,应用西姆松定理,即得结论.

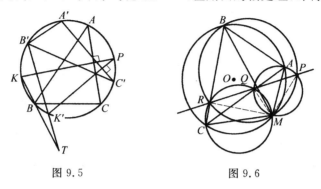

图 9.5　　　　图 9.6

定理 2(西姆松逆定理)　如果一点在三角形各边上的射影共线,则此点必在三角形外接圆上.

如图 9.1 所示,要证 P,A,B,C 共圆,只要证 $\angle NAP = \angle PCB$,但 N,A,M,P 共圆,故 $\angle NAP = \angle NMP$,又 P,M,L,C 共圆,$\angle NMP = \angle PCB$.

【例2】 两两相交的四条直线,每次取三条所成的四个三角形,其外接圆共点.

a,b,c,d 为所说四条直线,设 $\odot abc$(表示以 a,b,c 为边的三角形的外接圆)与 $\odot adb$ 交于 A,B,设 P,Q,R,S 分别为 B 在 a,b,c,d 上的射影,则四点共线,特别,Q,R,S 共线,说明 B 在 $\odot bcd$ 上.同理,知 B 在 $\odot acd$ 上(图 9.7).

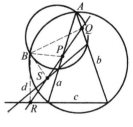

图 9.7

第 2 节　垂足三角形

设 P 为 $\triangle ABC$ 所在平面上任一点,以 P 在直线 BC,CA,AB 上的射影 D,E,F 为顶点的三角形:$\triangle DEF$(可能退化为线段)叫做 P(关于 $\triangle ABC$)的垂足三角形(或射影三角形),P 称为 $\triangle DEF$ 的极.垂足三角形是 $\triangle ABC$ 的一种独特的相接三角形,它的性质同 P 和 $\triangle ABC$ 都密切相关.

先看看这种三角形的边长.

定理 3　设 P 关于 $\triangle ABC$ 的垂足 $\triangle DEF$ 的边为 a_1, b_1, c_1，则

$$a_1=\frac{R_1 a}{2R}, b_1=\frac{R_2 b}{2R}, c_1=\frac{R_3 c}{2R} \tag{1}$$

其中 R_1, R_2, R_3 分别为 P 到 A, B, C 的距离.

应用正弦定理(图 9.8)，有 $a_1=R_1 \sin A=\frac{R_1 a}{2R}$，可见式(1) 成立.

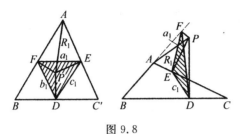

图 9.8

【例 3】(托勒密定理)　若四边形内接于圆，则两组对边乘积之和等于两对角线乘积.

如图 9.9 所示，极 D 关于 $\triangle ABC$ 的垂足三角形 LMN 就是西姆松线(的一部分)，按定理 3

$$LM=\frac{CD \cdot AB}{2R}, MN=\frac{DA \cdot BC}{2R}, LM=\frac{BD \cdot AC}{2R}$$

其中 R 是 $\triangle ABC$ 外接圆半径. 由于 $LM+MN=LN$，所以

$$AB \cdot CD+DA \cdot BC=AC \cdot BD$$

图 9.9

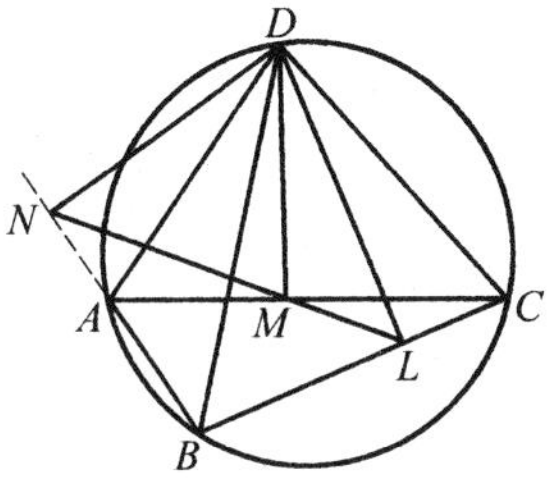

我们进而研究 P 关于 $\triangle ABC$ 的垂足三角形的面积 Δ_P. 要尽可能把它和 $\triangle ABC$ 诸元素挂钩. 有(图 9.10，类似于定理 3 推理)

$$\begin{aligned}\Delta_P &=\frac{1}{2} DE \cdot DF \sin \angle EDF \\ &=\frac{1}{2} BP \sin B \cdot CP \sin C \cdot \sin \angle EDF\end{aligned}$$

延长 BP，交 $\odot O$ 于 K；联结 CK，则 $\angle EDF=\angle PCK$. 在 $\triangle PCK$ 中，用正弦定理

$$\begin{aligned}CP \cdot \sin \angle EDF &=CP \cdot \sin \angle PCK \\ &=PK \cdot \sin K=PK \cdot \sin A\end{aligned}$$

所以 $\Delta_P = \dfrac{1}{2} BP \cdot PK \cdot \sin A \sin B \sin C$

过 P 作 $\odot O$ 直径 MN，即知 $BP \cdot PK = MP \cdot PN = |R^2 - d^2|$（其中 $d = OP$），应用 $\Delta = 2R^2 \sin A \sin B \sin C$，得

$$\Delta_P = \dfrac{1}{2} |R^2 - d^2| \cdot \dfrac{\Delta}{2R^2} = \dfrac{\Delta}{4R^2}[\pm(R^2 - d^2)] \quad (2)$$

式(2)中，当 P 在 $\odot O$ 内时取"$+$"，在 $\odot O$ 外时取"$-$"，在 $\odot O$ 上时，取"$+$"，"$-$"均可. 于是，得

定理 4（程龙） $\triangle ABC$ 面积 Δ、点 P 关于 $\triangle ABC$ 的垂足三角形的面积 Δ_P 和 $d = OP$ 满足关系式

$$d^2 = R^2 \left(1 \pm \dfrac{4\Delta_P}{\Delta}\right) \quad (3)$$

其中，P 在 $\odot O$ 外或圆周上取"$+$"，否则取"$-$".

易见，西姆松定理及其逆定理都是程龙定理的推论.

【例 4】 试求内、重、垂各心的垂足三角形的面积.

由欧拉公式 $OI^2 = R^2 - 2Rr$，因 I 总在三角形内，由式(2)

$$\Delta_I = \dfrac{\Delta}{4R^2}(R^2 - R^2 + 2Rr) = \dfrac{r\Delta}{2R}$$

由于 $AH = 2R|\cos A|$，$BH = 2R|\cos B|$，$CH = 2R|\cos C|$（第 7 章定理 1 推论 4），用定理 3，知 H 的垂足三角形边长为

$$a_1 = \dfrac{AH \cdot a}{2R} = a|\cos A|,\ b_1 = b|\cos B|,\ c_1 = c|\cos C|$$

又，其外接圆（即 $\triangle ABC$ 九点圆）半径 $R_1 = \dfrac{R}{2}$，因此

$$\Delta_H = \dfrac{a_1 b_1 c_1}{4R_1} = \dfrac{abc}{2R}|\cos A \cos B \cos C|$$

$$= \pm 2\Delta \cos A \cos B \cos C \quad (4)$$

对锐角三角形取"$+$"，钝角三角形取"$-$". 因此，与式(3)中的符号取法正相反. 那么，由式(3)

$$OH^2 = R^2 \left(1 - \dfrac{8\Delta \cos A \cos B \cos C}{\Delta}\right)$$

$$= R^2[9 - 4(\sin^2 A + \sin^2 B + \sin^2 C)]$$

$$= 9R^2 - (a^2 + b^2 + c^2)$$

由欧拉线性质（第 7 章定理 5 推论 1）：$OG = \dfrac{1}{3}OH$，故
$$OG = R^2 - \dfrac{1}{9}(a^2 + b^2 + c^2)$$
从而得
$$\Delta_G = \dfrac{a^2 + b^2 + c^2}{36R^2}\Delta$$

【例 5】 求证：当 $\triangle ABC$ 为锐角三角形时，$9\Delta_G - \Delta_H = 2\Delta$.

$\triangle ABC$ 为锐角三角形时，H 和 G 均在圆内，式（3）中取"$-$"，那么 $OH^2 = R^2\left(1 - \dfrac{4\Delta_H}{\Delta}\right)$，$OG^2 = R^2\left(1 - \dfrac{4\Delta_G}{\Delta}\right)$，$OH = 3OG$，故
$$R^2\left(1 - \dfrac{4\Delta_H}{\Delta}\right) = 9R^2\left(1 - \dfrac{4\Delta_G}{\Delta}\right)$$
整理即得.

【例 6】 设 $\triangle I_a I_b I_c$ 面积为 Δ'，求证
$$\dfrac{\Delta}{\Delta'} = 2\sin\dfrac{A}{2}\sin\dfrac{B}{2}\sin\dfrac{C}{2} \qquad (5)$$

对任何 $\triangle ABC$，$\angle AIB$，$\angle BIC$，$\angle CIA$ 总是钝角，因而由旁心构成的 $\triangle I_a I_b I_c$ 总是锐角三角形，且 $\angle I_a = 90° - \dfrac{\angle A}{2}$，$\angle I_b = 90° - \dfrac{\angle B}{2}$，$\angle I_c = 90° - \dfrac{\angle C}{2}$，而 $\triangle ABC$ 就是 I 关于 $\triangle I_a I_b I_c$ 的垂足三角形（I 为 $\triangle I_a I_b I_c$ 的垂心），由式（4）
$$\Delta = 2\Delta'\cos I_a \cos I_b \cos I_c$$
$$= 2\Delta'\sin\dfrac{A}{2}\sin\dfrac{B}{2}\sin\dfrac{C}{2}$$
这就是要证明的.

由于 $d \geqslant 0$，由式（3）：$1 - \dfrac{4\Delta}{\Delta'} \geqslant 0$，即 $\Delta \leqslant \dfrac{1}{4}\Delta'$，再用式（5），就得重要三角形不等式
$$\sin\dfrac{A}{2}\sin\dfrac{B}{2}\sin\dfrac{C}{2} \leqslant \dfrac{1}{8}$$
由上足见，垂足三角形中"隐藏"的三角形的奥妙何其多！

第 3 节 西姆松定理的推广（一）

西姆松定理发现以后的二百年来，人们对它进行了广泛的探索，除了发掘

性质,寻求应用之外,还进行了多方面的推广.如卡诺(Cornot,1753—1823)把向三边引垂线推广为向三边引"同向等角线";奥倍尔则证明:过 $\triangle ABC$ 顶点 A,B,C 引对边平行线分别交其外接圆于 A',B',C',P 为其外接圆上一点,则 PA' 与 BC,PB' 与 CA,PC' 与 AB 的交点 D,E,F 共线;清宫俊雄在 16 岁时发现了如下定理:P,Q 为 $\triangle ABC$ 外接圆上异于顶点的两点,P 关于 BC,CA,AB 的对称点为 U,V,W,则 QU 同 BC,QV 同 CA,QW 同 AB 的交点共线;他则应用"反演点"的概念,对西姆松定理进行推广.他们共同的局限是只在三角形和外接圆上做文章.郎古来比他们进了一步,他证明:圆周上四点 A_1,A_2,A_3,A_4,以其中任三点为顶点作三角形,那么由圆周上任一点 P 分别向它关于四个三角形的西姆松线引垂线,则四个垂足共线.

1984 年,当程李强还是合肥九中初中三年级学生的时候,发现并证明了如下两条定理,因而获得了全国第二届青少年创造发明一等奖.

定理5(程李强) 设 $A_1A_2A_3A_4$ 为 $\odot O$ 的内接四边形,P 为圆周上任一点,过 P 作 $A_1A_2,A_2A_3,A_3A_4,A_4A_1$ 的垂线,垂足分别为 B_1,B_2,B_3,B_4,过 P 作四边形 $B_1B_2B_3B_4$ 各边 $B_1B_2,B_2B_3,B_3B_4,B_4B_1$ 的垂线,则垂足 C_1,C_2,C_3,C_4 四点共线.

为了弄清程李强发现和证明定理的思维过程,我们边画图边叙述(建议读者边读边画图):

作 $PQ_1 \perp A_1A_3$ 于 Q_1,$PQ_2 \perp A_2A_4$ 于 Q_2(图9.11),由西姆松定理,B_4,Q_1,B_3 共线,Q_1,B_1,B_2 共线,故 $\triangle B_4B_1Q_1$ 三边分别落在四边形 $B_1B_2B_3B_4$ 的三边(所在直线)上,即 P 在 $\triangle B_4B_1Q_1$ 三边的射影为 C_4,C_1,C_3,而 B_4,B_1,Q_1 都在以 A_1P 为直径的圆上,也就是 P 在 $\triangle B_4B_1Q_1$ 的外接圆上,可见 C_4,C_1,C_3 共线.同样可证 C_1,C_2,C_4 共线,故 C_1,C_2,C_3,C_4 共线.

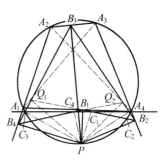

图 9.11

为了清楚地叙述程李强的结果,我们引入几个概念.顺次联结平面任一点 P 在多边形各边所在直线上的射影得到的多边形 $B_1B_2\cdots B_n$ 称为 P(关于 $A_1A_2\cdots A_n$)的一阶垂足多边形,P 关于 $B_1B_2\cdots B_n$ 的一阶垂足多边形叫做 P(关于 $A_1A_2\cdots A_n$)的二阶垂足多边形,一般的,P 关于 $(k-1)$ 阶垂足多边形的一阶垂足多边形叫做 P(关于 $A_1A_2\cdots A_n$)的 k 阶垂足多边形.

定理6(程李强) 五边形 $A_1A_2\cdots A_5$ 外接圆上任一点关于这五边形的三阶垂足五边形 $D_1D_2\cdots D_5$ 各顶点共线.

这里来叙述程李强证明的巧妙构思，望读者顺叙述过程补画图形，弄清实质. 设五边形 $A_1\cdots A_5$ 外接圆上一点 P 关于这五边形的一、二、三阶垂足五边形分别为 $B_1\cdots B_5, C_1\cdots C_5, D_1\cdots D_5$. 作 $PQ_1 \perp A_1A_3$ 于 Q_1, $PQ_2 \perp A_1A_4$ 于 Q_2, 易知 P 与 B_5, B_1, Q_1, Q_2 同在 PA_1 为直径的圆上，又对 P, 关于 $\triangle A_1A_4A_5$, $\triangle A_1A_2A_3$ 应用西姆松定理，知 B_5, Q_2, B_4 共线, Q_1, B_1, B_2 共线, 因此, 自 P 作四边形 $B_5B_1Q_1Q_2$ 各边垂线时, 在 B_5B_1 边垂足为 C_5, 在 B_1Q_1 边（与 B_1B_2 同在一条直线上）为 C_1, 在 Q_2B_5 边（与 B_4B_5 共线）为 C_4. 设在 Q_1Q_2 上垂足为 R_1, 那么 P 关于 $B_5B_1Q_1Q_2$ 的（一阶）垂足四边形为 $C_4C_5C_1R_1$. 同样, 知 P 及 $\triangle Q_2B_3B_4$ 的顶点均在以 PA_4 为直径的圆上, 故 C_4, R_1, C_3 共线, 这就是说, P 关于 $C_4C_5C_1R_1$ 的一阶垂足四边形（即 P 关于 $B_5B_1Q_1Q_2$ 的二阶垂足四边形）为 $D_1D_3D_4D_5$, 因 P 在它的外接圆上, 故 D_1, D_3, D_4, D_5 共线. 类似地, 可证 D_2, D_4, D_5, D_1 共线, 因此 $D_1, \cdots, D_5$ 共线.

根据 $n=3,4,5$ 的情况, 程李强猜想: 设 P 与点 $A_1, A_2, \cdots, A_n$ 共圆, 那么 P 关于 n 边形 $A_1A_2\cdots A_n$ 的 $n-2$ 阶垂足 n 边形各顶点共线. 由于从程李强定理证明中看出隐约的递推规律, 中国科学技术大学数学系严镇军副教授建议用归纳法来证明程李强的猜想. 可是, 两年过去了, 人们还是没有获得归纳的证明, 这大约是越来越复杂的构图造成了不易克服的难关. 直到 1986 年 2 月, 安徽一位中学教师孙加荣发现了另一条思路, 一举证明了这个猜想.

定理 7（程李强－孙加荣） n 边形 $A_1\cdots A_n$ 外接圆上任一点 P 关于这 n 边形的 $n-2$ 阶垂足 n 边形的顶点共线.

由于原证明中用了多值有向角这一概念, 我们只能简述它的证明思路. 首先, 他研究了从一点向角两边引垂线时, 角被划分的规律.

引理 1 若 $\angle AOB \neq 0°$, P 为不在 $\angle AOB$ 的边或其反向延长线上的点. 作 $PA_1 \perp OA$ 于 A_1, $PB_1 \perp OB$ 于 B_1, 则有
$$\angle AOP = \angle A_1B_1P, \text{ 或 } \angle AOP + \angle A_1B_1P = 180°$$
$$\angle BOP = \angle B_1A_1P, \text{ 或 } \angle BOP + \angle B_1A_1P = 180°$$

这从全部七种情况的图形（图 9.12）中可以看得很清楚.

然后研究平面上一点与多边形顶点连线, 将其角内或外分成的两部分, 同垂足多边形的角被分成的两部分的关系.

引理 2 设 P 不在 n 边形 $A_1\cdots A_n$ 的边所在直线上. PA_i 分 $\angle A_{i-1}A_iA_{i+1}$ 的两部分记作 x_i+y_i（多边形顶点按顺时针排列, $A_{n+1} \equiv A_1$; 角的边按逆时针旋转时取正）, 则一阶垂足多边的角正好为
$$x_1+y_2, x_2+y_3, \cdots, x_{n-1}+y_n, x_n+y_1$$

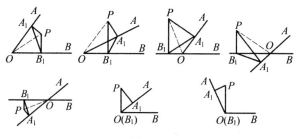

图 9.12

反复运用引理 2:知二阶垂足多边形的角为 $x_1+y_3, x_2+y_4, \cdots, x_{n-1}+y_1, x_n+y_2$. 以此类推, P 关于 $A_1 \cdots A_n$ 的 $n-2$ 阶垂足多边形的角即为

$$x_1+y_{n-1}, x_2+y_n, x_3+y_1, \cdots, x_{n-1}+y_{n-3}, x_n+y_{n-2} \qquad (6)$$

那么,要证定理 7,只要证当 P 在外接圆上时,式 (6) 中各个和为 $0°$ 或 $180°$ 就可以了. 我们画一个六边形来看一看(图 9.13),事情很清楚

$$x_1+y_5 = x_2+y_6 = 0$$
$$x_3+y_1 = x_4+y_2 = x_5+y_3 = x_6+y_4 = 180°$$

在一般情形下的论证,自然还有一些细节问题要处理,但孙加荣的证明启示我们:方法的革新是突破难关的重要途径.

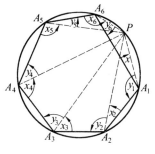

图 9.13

第 4 节 西姆松定理的推广(二)

这一节我们通过解析方法来研究平面一点关于一个三角形的垂足三角形的面积问题,从而在另一方向上推广了西姆松定理. 这些结果是 1984～1986 年期间相继做出的. 先推导点在直线上的射影和对称点公式.

设点 $P(x_0, y_0)$ 在直线 $l: Ax+By+C=0$ 上的射影为 $T(x_t, y_t)$,P 关于 l 的对称点为 $Q(x_q, y_q)$. 那么, l 也是线段 PQ 的中垂线,因此 l 的方程又可写为

$$l:(x-x_0)^2+(y-y_0)^2=(x-x_q)^2+(y-y_q)^2$$

即

$$2(x_q-x_0)x+2(y_q-y_0)y-[(x_q^2-x_0^2)+(y_q^2-y_0^2)]=0$$

但同一条直线的一般方程间,对应项系数应相差一个非零常数因子 k

$$\begin{cases} 2(x_q - x_0) = kA \\ 2(y_q - y_0) = kB \\ -[(x_q^2 - x_0^2) + (y_q^2 - y_0^2)] = kC \end{cases} \tag{7}$$

方程组(7)中第一式乘以 x_0,第二式乘以 y_0,同第三式相加,得

$$k(Ax_0 + By_0 + C) = -\frac{k^2}{4}(A^2 + B^2)$$

但 $k \neq 0$,故

$$k = -\frac{4(Ax_0 + By_0 + C)}{A^2 + B^2} = -4\sigma$$

再由方程组(7)的前两式及中点坐标公式

$$\begin{cases} x_t = x_0 - \sigma A \\ y_t = y_0 - \sigma B \end{cases}, \begin{cases} x_q = x_0 - 2\sigma A \\ y_q = y_0 - 2\sigma B \end{cases} \tag{8}$$

其中

$$\sigma = \frac{Ax_0 + By_0 + C}{A^2 + B^2}$$

【例7】 已知点 $A(0,0), B(3,5), C(5,-1)$,求 $P(x_0, y_0)$ 关于 $\triangle ABC$ 的垂足三角形和关于三边对称点组成的三角形的面积.

写出 $\triangle ABC$ 三边方程为

$$AB: x - y = 0$$
$$BC: 2x + y - 9 = 0$$
$$CA: x + 5y = 0$$

设垂足三角形 $\triangle DEF$ 顶点坐标为 $D(x_1, y_1), E(x_2, y_2), F(x_3, y_3)$,由式(8),有

$$\begin{cases} x_1 = x_0 - \frac{2}{5}(2x_0 + y_0 - 9) \\ y_1 = y_0 - \frac{1}{5}(2x_0 + y_0 - 9) \end{cases}$$

$$\begin{cases} x_2 = x_0 - \frac{1}{26}(x_0 + 5y_0) \\ y_2 = y_0 - \frac{5}{26}(x_0 + 5y_0) \end{cases}$$

$$\begin{cases} x_3 = x_0 - \frac{1}{2}(x_0 - y_0) \\ y_3 = y_0 + \frac{1}{2}(x_0 - y_0) \end{cases}$$

那么

$$\Delta_P = \left| \frac{1}{2} \begin{vmatrix} x_1 & y_1 & 1 \\ x_2 & y_2 & 1 \\ x_3 & y_3 & 1 \end{vmatrix} \right|$$

$$= \left| \frac{1}{2} \begin{vmatrix} x_0 - \frac{2}{5}(2x_0+y_0-9) & y_0 - \frac{1}{5}(2x_0+y_0-9) & 1 \\ x_0 - \frac{1}{26}(x_0+5y_0) & y_0 - \frac{5}{26}(x_0+5y_0) & 1 \\ x_0 - \frac{1}{2}(x_0-y_0) & y_0 + \frac{1}{2}(x_0-y_0) & 1 \end{vmatrix} \right|$$

$$= \left| -\frac{9}{260}[(4x_0+2y_0-18)(3x_0+2y_0) - (3x_0-y_0-6)(x_0+5y_0)] \right|$$

$$= \left| -\frac{27}{260}(3x_0^2+3y_0^2-16x_0-2y_0) \right|$$

$$= \frac{81}{260}\left| \left(x_0-\frac{8}{3}\right)^2+\left(y_0-\frac{1}{3}\right)^2-\frac{25}{9} \right|$$

$$= \frac{81}{260}|f(x_0,y_0)|$$

由于 P 关于 $\triangle ABC$ 各边对称点构成的 $\triangle D'E'F'$ 同 $\triangle DEF$ 是位似形,位似比是 $1:2$,因此

$$S_{\triangle D'E'F'} = 4\Delta_P = \frac{81}{65}|f(x_0,y_0)|$$

这里

$$f(x,y) = \left(x-\frac{8}{3}\right)^2+\left(y-\frac{1}{3}\right)^2-\frac{25}{9} = 0$$

正好是 $\triangle ABC$ 外接圆的(标准)方程.真是一个出人意料的结果:垂足三角形面积竟然可以用三角形外接圆方程中的表达式来表示!

这是偶然的巧合吗?还是在一般情况下也会有的规律:平面上任一点 P 关于 $\triangle ABC$ 的垂足三角形的面积等于一个式子绝对值的常数倍,这式子就是 $\triangle ABC$ 外接圆标准方程中的表达式?事实确是如此,即我们证明了

定理 8 设 $\triangle PQR$ 三边方程分别为 $A_ix+B_iy+C_i=0$(这里 $i=1,2,3$),那么,同一平面上一点 $M(x,y)$ 关于 $\triangle PQR$ 的垂足三角形的面积 $S_M = k|f(x,y)|$,其中

$$k = \frac{\mid A_1^2 B_2 B_3 \Delta_1 + A_2^2 B_3 B_1 \Delta_2 + A_3^2 B_1 B_2 \Delta_3 \mid}{2(A_1^2 + B_1^2)(A_2^2 + B_2^2)(A_3^2 + B_3^2)}$$

$$\Delta_1 = \begin{vmatrix} A_2 & B_2 \\ A_3 & B_3 \end{vmatrix}, \Delta_2 = \begin{vmatrix} A_3 & B_3 \\ A_1 & B_1 \end{vmatrix}, \Delta_3 = \begin{vmatrix} A_1 & B_1 \\ A_2 & B_2 \end{vmatrix}$$

而 $f(x,y) = x^2 + y^2 + Dx + Ey + F = 0$ 是 $\triangle PQR$ 的外接圆方程.

证明的大体思路如下:

先计算三个垂足 $P'(x_1,y_1), Q'(x_2,y_2), R'(x_3,y_3)$ 的坐标

$$\begin{cases} x_i = x - A_i \sigma_i \\ y_i = y - B_i \sigma_i \end{cases}$$

其中
$$\sigma_i = \frac{A_i x + B_i y + C_i}{A_i^2 + B_i^2} \quad (i = 1, 2, 3)$$

应用三角形面积公式,有

$$S_M = \left| \frac{1}{2} \begin{vmatrix} x - \sigma_1 A_1 & y - \sigma_1 B_1 & 1 \\ x - \sigma_2 A_2 & y - \sigma_2 B_2 & 1 \\ x - \sigma_3 A_3 & y - \sigma_3 B_3 & 1 \end{vmatrix} \right|$$

$$= \left| \frac{1}{2} \begin{vmatrix} \sigma_1 A_1 & \sigma_1 B_1 & 1 \\ \sigma_2 A_2 & \sigma_2 B_2 & 1 \\ \sigma_3 A_3 & \sigma_3 B_3 & 1 \end{vmatrix} \right|$$

$$= \frac{1}{2} \mid \sigma_1 \sigma_2 \Delta_3 + \sigma_3 \sigma_1 \Delta_2 + \sigma_2 \sigma_3 \Delta_1 \mid$$

设 $\triangle PQR$ 顶点为 $P(x_p, y_p), Q(x_q, y_q), R(x_r, y_r)$,那么 (x_p, y_p) 为方程组

$$\begin{cases} A_1 x + B_1 y + C_1 = 0 \\ A_2 x + B_2 y + C_2 = 0 \end{cases}$$

的解,因此 $A_1 x_P + B_1 y_P + C_1 = A_2 x_P + B_2 y_P + C_2 = 0$,即(由公式(8))

$$\sigma_1(x_p, y_p) = \sigma_2(x_p, y_p) = 0$$

这样

$$S_P = \frac{1}{2} \mid 0 \cdot 0 \cdot \Delta_3 + \sigma_3 \cdot 0 \cdot \Delta_2 + 0 \cdot \sigma_3 \cdot \Delta_1 \mid = 0$$

同样证明 $S_Q = S_R = 0$. 这就说明,如果记

$$S_M = k \mid f(x,y) \mid$$

其中 k 为正常数,那么 $\triangle PQR$ 顶点坐标满足方程 $f(x,y) = 0$. 剩下只要计算常数 k,并证明 $f(x,y) = 0$ 确是圆的方程.

我们有

$$S_M = \left| \frac{1}{2} \begin{vmatrix} \sigma_1 A_1 & \sigma_1 B_1 & 1 \\ \sigma_2 A_2 & \sigma_2 B_2 & 1 \\ \sigma_3 A_3 & \sigma_3 B_3 & 1 \end{vmatrix} \right|$$

$$= \frac{1}{2(A_1^2+B_1^2)(A_2^2+B_2^2)(A_3^2+B_3^2)} |\varphi(x,y)|$$

$\varphi(x,y)$
$$= \begin{vmatrix} (A_1 x + B_1 y + C_1)A_1 & (A_1 x + B_1 y + C_1)B_1 & A_1^2+B_1^2 \\ (A_2 x + B_2 y + C_2)A_2 & (A_2 x + B_2 y + C_2)B_2 & A_2^2+B_2^2 \\ (A_3 x + B_3 y + C_3)A_3 & (A_3 x + B_3 y + C_3)B_3 & A_3^2+B_3^2 \end{vmatrix}$$

将行列式展开,整理,得
$$\varphi(x,y) = Ax^2 + Bxy + Cy^2 + D'x + E'y + F'$$

其中系数
$$A = C = A_1^2 B_2 B_3 \Delta_1 + A_2^2 B_3 B_1 \Delta_2 + A_3^2 B_1 B_2 \Delta_3$$
$$B = 0$$

所以
$$S_M = \frac{|A|}{2(A_1^2+B_1^2)(A_2^2+B_2^2)(A_3^2+B_3^2)} \cdot \left| x^2 + y^2 + \frac{D'}{A}x + \frac{E'}{A}y + \frac{F'}{A} \right|$$
$$= k|f(x,y)|$$

因 $f(x,y) = 0$ 至少有三组不同的实数解 $(x_p, y_p), (x_q, y_q), (x_r, y_r)$,所以 $f(x,y)=0$ 确实是圆的方程.

此定理可以作出很多重要推论.

推论1(西姆松定理) 由 △PQR 外接圆上任一点向三边作垂线,三垂足共线.

如果 M 在外接圆上,则 $f(x_M, y_M)=0$,因此 $S_M=0$,说明 P', Q', R' 共线. 反之,若 P', Q', R' 共线,则 $S_M=0$,因此 $f(x_M, y_M)=0$,说明点 M 在 △PQR 外接圆上. 从而有

推论2(西姆松逆定理) 若点 M 在 △PQR 三边上的射影共线,则 M 在 △PQR 的外接圆上.

推论3(斯坦纳定理) 由 △PQR 外接圆的同心圆上任一点向其三边引垂线,所得垂足三角形的面积为定值. 反之亦然.

设 △PQR 外接圆为 $C: f(x,y) = (x-a)^2 + (y-b)^2 - R^2 = 0$,那么 C 的同心圆的方程为 $C_1: (x-a)^2 + (y-b)^2 = R_1^2$,当且仅当点 $M(x_M, y_M)$ 在 C_1 上时,有 $(x_M-a)^2 + (y_M-b)^2 = R_1^2$,因此 $f(x_M, y_M) = R_1^2 - R^2$,所以 $S_M = $

$k|f(x_M,y_M)|=k|R_1^2-R^2|$（常数）.

推论 4 三角形外接圆上任一点关于三角形三边的三个对称点,与三角形的重心共线.

设 M 关于 $\triangle PQR$ 三边的对称点为 M_1,M_2,M_3,则 $\triangle M_1M_2M_3$ 与垂足三角形 $\triangle P'Q'R'$ 为位似形,位似中心为 M,而位似系数为 $\frac{1}{2}$. 因此,$\triangle M_1M_2M_3$ 的面积 $S'_M=2k|f(x_M,y_M)|$,当 M 在 $\triangle PQR$ 外接圆上时,$S'_M=O$,M_1,M_2,M_3 在同一条直线 l 上,且 l 同 M 关于 $\triangle PQR$ 的西姆松线平行,再由西姆松线性质 3,知 l 过 $\triangle PQR$ 垂心.

通过把点的射影公式推广到空间,我们已得到西姆松定理向四面体的推广.

练习 9

1. 设 P 为 $\triangle ABC$ 外接圆上一点,如果 $\odot A,\odot B,\odot C$ 均过 P,则两两相交的另外三点共线.

2. 四条直线两两相交,但三三不共点. 每次取三条,得到四个三角形,求证：这四个三角形的垂心为共线点.

3. 三角形外接圆上三点 P,Q,R 的西姆松线构成的三角形与 $\triangle PQR$ 相似.

4. 如果 $\triangle ABC$ 外接圆 $\odot O$ 上一点 P 的西姆松线平行于 AO,则 $PA \parallel BC$.

5. 求证：延长 $\triangle ABC$ 的高 AT_1,交外接圆于 P,则 P 的西姆松线与 BC 成逆平行线.

6. $\triangle ABC$ 外接圆上一点 P 的西姆松线交 BC 于 L,交 BC 边的高 AD（或其延长线）于 K,则 $LH \parallel PK$.

7. 三角形各边上外接圆弧中点的三条西姆松线构成的三角形,相似于内切圆同三边切点构成的三角形.

8. 如果 L,M,N 分别为 $\triangle ABC$ 外接圆上一点 P 在边 BC,CA,AB 上的射影,试证：

(1) $\triangle PLM \sim \triangle PCA$；

(2) $PL \cdot MN : PM \cdot NL : PN \cdot LM = BC : CA : AB$；

(3) $BC : PL, CA : PM, AB : PN$ 之一等于另外两比之和.

9. 有同一外接圆和同一重心的一切三角形,对外接圆同一点的垂足线共点.

10. AD,BE,CF 为 $\triangle ABC$ 的高,那么,D 在 AB,BE,CF,AC 上的射影 P,Q,R,S 共线.

11. 设 $\triangle ABC$ 为锐角三角形,求证
$$\Delta_N = \frac{a^2+b^2+c^2-5R^2}{16R^2}\Delta$$

12. 求证:若 $\triangle ABC$ 为钝角(或直角)三角形,则
$$9\Delta_G + \Delta_H = 2\Delta$$

13. 应用欧拉公式 $OI_a^2 = R(R+2r_a)$,推导 Δ_{I_a} 的公式,并证明
$$\Delta_{I_a} + \Delta_{I_b} + \Delta_{I_c} - \Delta_I = 2\Delta$$

14. $\Delta_O = ?$ (O 表示外心)

15. 应用对称点公式,证明:$\triangle ABC$ 关于直线 l
$$Ax + By + C = 0$$
的对称图形仍是三角形,且同 $\triangle ABC$ 全等.

第 10 章 几种特殊三角形

要深入地了解三角形家庭,就要着重探讨它的几类特殊成员.在数学历史上,不乏与特殊三角形有关的珍奇成果,本章对此予以介绍.

第 1 节 直角三角形

要建一座八角门(图 10.1),怎样施工?设宽和高(即外接正方形边长)为 a,$AB=AC=x$,那么,由 $AB^2+AC^2=BC^2$ 知 $BD=BC=\sqrt{2}\,x$,列出方程 $2x+\sqrt{2}\,x=a$,即可解得

$$x=\left(1-\frac{\sqrt{2}}{2}\right)a\approx 0.293a$$

然而,如果没有勾股定理,这件简单的事情是办不成功的,这就说明为什么人类早在夏商时代,就深入研究了直角三角形("勾股形"),如果知道了勾股定理.这可算早期几何学最重要最优美的结果了.

定理 1(商高) 勾股形勾股各自乘,并而开方,即得弦.

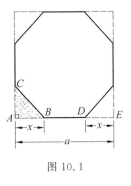

图 10.1

第 1 章曾引《周髀算经》所载周公问术于商高,商高的答话:"……故折矩以为勾广三,股修四,经隅五……,禹之所以治天下者,此数之所生也".就是说,夏禹治水,使用了勾股定理(的特殊情形).同书中还有陈子(约前 700 年)同荣方说的一段话:"求邪(斜)至睹,以日下为勾,以日高为股,勾股各自乘,并而开方除之,得邪至日".这就是 $\sqrt{勾^2+股^2}=斜(边)$.东汉初成书的数学经典《九章算术》卷九("勾股")中,则以"题 — 答 — 解"的形式,列举了大量勾股应用题,在西方,希腊人毕达哥拉斯(Pythagras)在距今约 2400 年发现了这一定理,但均未证明.

在中国,第一个证明勾股定理的是赵爽(3 世纪).他是通过构造"弦图"(图

10.2)而证明的

$$c^2 = (b-a)^2 + 4 \cdot \frac{1}{2}ab$$

在西方,欧几里得(Euclide,前4—前3世纪)给出第一个证明.(图10.3:$\triangle ABK \cong \triangle ADC, S_{\text{III}} = 2S_{\triangle ABK} = 2S_{\triangle ADC} = S_{\text{I}}, S_{\text{II}} = S_{\text{IV}}, a^2 + b^2 = S_{\text{III}} + S_{\text{IV}} = S_{\text{I}} + S_{\text{II}} = c^2$.)

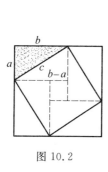
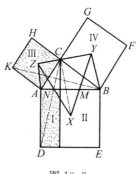

图 10.2   图 10.3

他们用的都是面积法,我国数学家刘徽(263年)、梅文鼎(1633—1721)等,根据出入相补原理,构造了多种证法.不用面积而用相似形也可以证.西方有一本书曾提到,估计现在已有400种证法.笔者见到李志昌所辑的《勾股定理190证例》,其中算做正确证法的,至少有150个.

勾股定理有多方面的推广,如任意三角形和四边形的余弦定理,直角四面体勾股定理,长方体对角线的平方等于三度平方和,等.特别,我们有

定理2(勾股定理的推广) 直角三角形勾、股上相似图形(不限于平面图形)面积和,等于弦上相似图形的面积.

用式子写出来,就是

$$\lambda a^2 + \lambda b^2 = \lambda c^2 \tag{1}$$

其中$\lambda > 0$是勾股弦上相似图形和同一边上正方形面积比.式(1)和它的特殊情形——勾股定理是等价的.

【例1】(月牙问题) 分别以勾、股、弦为直径作半圆(图10.4),那么,勾股上两个"月牙"形面积之和,等于勾股形的面积.

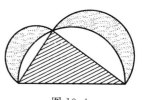

图 10.4

由于半圆总是相似的,所以,由定理2不难解此题.然而,这是古希腊的希

波克拉底(Hippocrates,前470—前403)提出的一个有趣难题,它由于把一个直边图形等积地分解为两个曲边图形而让人吃惊.

勾股定理几个来源和证法都反映了直角三角形丰富而深刻的性质,我们考察其中几个有趣问题.

矩中的数学 矩的使用,同勾股形是密不可分的,《周髀算经》论及用矩之道,曰:"平矩以正绳,偃矩以望高,伏矩以测深(图10.5),卧矩以知远,环矩以为圆,合矩以为方".说明了矩的六大用途.而所谓"矩",不过是有刻度的直角曲尺,当今工匠仍在使用,作为重要绘图工具的三角板,也许就是由矩发展而来的.有人研究三角板拼合各种平面和立体图形中的几何问题,获得不少令人深思的结果.

"矩"传到西方,被用来三等分任意角(图10.6):作 $l \parallel OP$,距离等于矩宽:$AF = SC = ES$.顶点 O 在 EF 上,C 在 OQ 上,调整曲尺位置使 B 在 l 上,则由全等三角形知 $\angle BOP = \angle BOS = \angle SOC = \frac{1}{3}\angle POQ$."矩"在希腊,用来研究整数求和(图10.7),如

$$1 + 3 + 5 + \cdots + (2n-1) = n^2$$

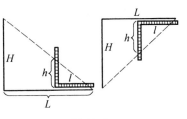

图 10.5

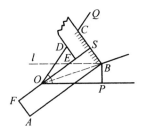

图 10.6

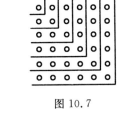

图 10.7

"矩"在日本,分别按 $1:3.14$ 和 $1:\sqrt{2}$ 设计表尺和里尺刻度,用来量取圆木和按"标准规格"截割矩形.另外,"矩"还可以用来开平方和开立方(图10.8).

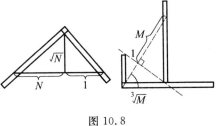

图 10.8

赵爽弦图的妙用 赵爽弦图不仅可用来证明勾股定理,推证恒

等式,按他注《周髀算经》时附于卷首的五百余字的《勾股圆方图说》,还有"勾股互求"、二次方程求解(甚至包含了求根公式雏形)等功用. 后代数学家多所发挥,直到现代,人们探索这幅弦图的奥妙,还时有所获.

【例 2】 在 Rt△ABC 中,已知弦 c 和勾股差 d,求弦股和与差.

由图 10.2: $(a+b)^2 = 2c^2 - (b-a)^2$,可求

$$a+b = \sqrt{2c^2 - (b-a)^2} = e$$

$b-a = d$. 设

$$x = c+b, c-b = x-2b, x(x-2b) = a^2, 2b = d+e, a = \frac{1}{2}(e-d)$$

得方程 $x^2 - 2bx - a^2 = 0$,即

$$x^2 - (d+e)x - \frac{1}{4}(e-d)^2 = 0$$

解之,即得.

欧几里得构图中的奥妙 考虑到勾股定理的几何意义,欧几里得构造图 10.3,它有很多奇妙性质. 设 X, Y, Z 为所在正方形中心,则:

(1) $CX = BY + CZ$;

(2) $S_{\triangle BMY} + S_{\triangle ANZ} = S_{\triangle XMN}$;

(3) $S_{\triangle XYZ} = S_{\text{四边形}ABYZ} = S_{\text{四边形}ACBX}$;

(4) $S_{\text{四边形}ACBE} = S_{\text{四边形}ACBD} = S_{\text{四边形}ABFK}$;

(5) △ABC 与 △XYZ 重心相同;

(6) AF, BK 与 △ABC 斜边上的高共点;

(7) $S_{\triangle ADK} = S_{\triangle BEF} = S_{\triangle CGH} = S_{\triangle ABC}$.

勾股容圆问题 《九章算术》卷九有一题:"今有勾八步,股十五步,问勾中容圆径几何". 答曰"六步",怎么算的呢?"术曰:八步为勾,十五步为股,为之求弦,三位并之为法,以勾乘股,倍之为实,实如法得径一步" 如以 d 表示 △ABC 内切圆直径,上述算法即

$$d = \frac{2ab}{a+b+c} \qquad (2)$$

刘徽在《九章算术注》中,用割补术论证了这一公式,同时又给出四个新公式

$$d = a - (c-b) = b - (c-a) = (a+b) - c$$
$$= \sqrt{2(c-a)(c-b)}$$

由这道容圆问题出发,一个未名的数学家造"洞渊九容"之说,为元代著名数学家李冶(1192—1279)所得,随衍成《测圆海镜》十二卷,计 170 问. 图 10.9

中画的就是李冶的圆城图式.其中有 15 个相似的直角三角形,称:

通形($\triangle ABC$)、边形($\triangle ANI$)、底形($\triangle KBJ$)、黄广形($\triangle AMW$)、黄长形($\triangle LBY$)、上高形($\triangle AKP$)、下高形($\triangle KMR$)、上平形($\triangle LNS$)、下平形($\triangle NBQ$)、大差形($\triangle ALD$)、小差形($\triangle MBF$)、皇极形($\triangle KNO$)、太虚形($\triangle LMX$)、明形($\triangle KLH$)和更形($\triangle MNG$).

李冶给出通弦 $AB = 680$(步),通勾 $BC = 320$(步),通股 600 步,求出另外 14 个勾股形的边,然后提出各种求圆城直径 d 的问题.对边形 $\triangle ANI$,$\odot O$ 称为"勾上容圆",对底形 $\triangle KBJ$,称为"股上容圆",对皇极形 $\triangle KNO$,称为"勾股上容圆",对大小差形和 $\triangle MLE$,$\odot O$ 分别称为

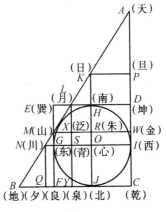
图 10.9

勾外、股外和弦外容圆,对明、更二形,分别称为勾或股外容圆半.据这些三角形边长,一一求出 d 的表达式.这确实是一个很好的研究课题.

关于判定和定形问题,第 6 章已讲到,这里再看两个有价值的例题.

【例 3】 D 为 $\triangle ABC$ 的边 AB 上一点,如下列条件之一成立,则 $\angle C = 90°$:
(1)$CD \perp AB$,且 $CD^2 = AD \cdot BD$;
(2)$(AB \cdot CD)^2 = (AC \cdot BD)^2 + (BC \cdot AD)^2$.

(1)可用相似形来证.

对(2),平方关系式启发我们,可进行如下变形
$$\left(\frac{AB \cdot CD}{AD}\right)^2 = \left(\frac{AC \cdot BD}{AD}\right)^2 + BC^2$$

如果此式括号中各表一条线段而且同 BC 构成一个三角形就好了,这引导我们作出图 10.10:过 B 作 DC 的平行线交 AC 延长线于 E,那么

$$\frac{AB \cdot CD}{AD} = BE$$

$$\frac{AC \cdot BD}{AD} = CE$$

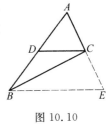
图 10.10

下边就好办了.

【例 4】 设 a, b, c 分别为 $Rt\triangle ABC$ 的勾、股和弦,再设
$$a_1 = c + a, b_1 = c + b, c_1 = a + b + c$$

$$a_2 = c_1 + a_1, b_2 = c_1 + b_1, c_2 = a_1 + b_1 + c_1 \tag{3}$$

则以 a_2, b_2, c_2 为边的 $\triangle A_2B_2C_2$ 为直角三角形且其内切圆直径等于 $\triangle ABC$ 的周长 $2p$.

由于 $a_2 = 2a + b + 2c, b_2 = a + 2b + 2c, c_2 = 2a + 2b + 3c$，应用勾股逆定理即知；又，$d_2 = a_2 + b_2 - c_2 = a + b + c = 2p$.

应指出的是：变换式(3)及其导出的三角形序列有很多优良的性质，可用来处理很多难题.

第 2 节 等腰三角形及其推广

我们知道，三角形一个角的平分线，总是位于由同一角顶引出的高和中线之间，且平分高和过同一顶点的外接圆直径所成的角.因此，如果这四条线（以及这角对边的中垂线）中任何两条重合，那么三角形成为等腰的.现在我们来介绍有关等腰三角形的一条著名定理.

定理 3(雷米欧斯－斯坦纳)   有两条角平分线相等的三角形，为等腰三角形.

由于从两条高或中线相等推证三角形等腰，都是普通习题，所以人们也以为定理 3 很容易证.当雷米欧斯(K. Lehmus)于 19 世纪 40 年代提出来时，大家不以为然.可动手一证，才发现并不那么容易.起初，人们只提出了用反证法，若干年后，才由瑞士几何学家斯坦纳(Steiner，1796—1863)提出第一个直接证法.到现在的一百多年来.人们共发现基于不同原理的 60 多种证法.到 20 世纪 80 年代，日本、中国还有许多人研究这个问题.下面介绍两个简单但备受称颂的证明，供大家鉴赏.

证法 1(80 年前后发现)   如图 10.11 所示，两条相等的角平分线 BD, CE 交于点 O. 不妨设 $\angle B \geqslant \angle C$，则 $\angle OBE \geqslant \angle OCD$. 在 EO 上取点 M，使 $\angle OBM = \angle OCD$. 延长 BM，交 AC 于 N. 因 $CM \leqslant BD$，而 $\triangle BDN \sim \triangle CMN$，故 $CN \leqslant BN$. 因此 $\angle C \geqslant \angle CBN = \angle OBM + \frac{\angle B}{2} = \frac{\angle C}{2} + \frac{\angle B}{2}$. 得 $\angle C \geqslant \angle B$. 从而 $\angle B = \angle C$，所以 $AB = AC$.

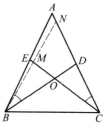

图 10.11

证法 2(Hesse) 把 △EBC 翻到上面来,作成
△BFD(图 10.12),使 EC 与 BD 重合. 设 $\angle B = 2\alpha$,
$\angle C = 2\beta$,则

$$\angle FBC = \angle FBD + \alpha = \angle BEC + \alpha$$
$$= \pi - (2\alpha + \beta) + \alpha = \pi - (\alpha + \beta)$$
$$\angle CDF = \angle CDB + \beta = \pi - (\alpha + 2\beta) + \beta$$
$$= \pi - (\alpha + \beta)$$

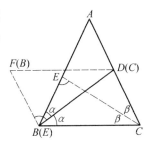

图 10.12

而 $\alpha + \beta < \pi$,故 $\angle FBC = \angle CDF > \pi$. 又 $BC = DF$, FC 为公共边,故 $\triangle BCF \cong \triangle DFC$(?),因此 $BF = DC$,即 $BE = CD$,从而 $\triangle BCE \cong \triangle CBD$,$\angle B = \angle C$,于是 $AB = AC$.

上面推理中的"?"应注什么理由?是这样一个并不难证的命题:在两个三角形中,如果有两边和其中一边所对的角(均为钝角)对应相等,则这两个三角形全等.

除探讨新证法外,很多人致力于雷米欧斯定理的推广. 但如下"推广"是假命题:两外角平分线相等的三角形是等腰三角形. 例如:$\triangle ABC$ 的 $\angle A = 12°$,$\angle B = 132°$,$\angle C = 36°$,则 $\angle A$ 与 $\angle B$ 外角平分线相等. 我国数学家吴文俊和他的研究生周咸青已经证明:存在无穷多个不等边且互不相似的三角形,有两条外角平分线相等. 并得到了具体的构造方法.

为了推广等腰三角形概念,我们来考虑一个有趣的问题:什么样的三角形可以分割为两个等腰三角形?

一条线段分割三角形为两个三角形,只有通过三角形的一个顶点才行(这样的线称为塞瓦线). 如果用延长一个等腰三角形一边的方法来考虑,那么有图 10.13 所示的三种情形:对(a),$AD = BD = CD$,$\angle C$ 为直角;对(b),$AD = CD = BC$,$\angle B = 2\angle A$;对(c),$AD = CD$,$BC = BD$,$\angle C = 3\angle A$. 我们称(b)中的 $\triangle ABC$ 为倍角三角形,(c)中的 $\triangle ABC$ 为三倍角三角形. 倍角三角形有下列性质:

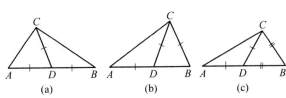

图 10.13

(1) 倍角三角形可分割为两个等腰三角形;

(2) 若 $\triangle ABC$ 的 $\angle B = 2\angle C$, 则
$$AC^2 = AB(AB + BC)$$

(3) 若 $\triangle ABC$ 的 $\angle B = 2\angle C, AD \perp BC$ 于 D, 则 $CD = AB \pm CD$(当 $\angle B \leqslant 90°$ 时取"+", $\angle B > 90°$ 时取"—").

(4) 若 $\triangle ABC$ 的 $\angle B = 2\angle C$, $\angle A$ 平分线交 BC 于 T, 则 $AC = AB + BT$.

四条性质及其证明(请读者自补)告诉我们, 倍角三角形同等腰三角形有密切联系. 性质(2)~(4)的逆命题也真, 即为倍角三角形的判定法.

【例5】 试探求 n 倍角三角形边间的关系.

设 $\triangle ABC$ 中, $\angle A = n\angle B$(其中 $n \in \mathbf{N}$). 以 $f_n = f_n(a,b,c) = 0$ 表示三边关系式. 不难求出 $f_1 = a - b$, $f_2 = a^2 - b^2 - bc$(性质(2)).

在图 10.14 中, $\angle A = n\angle B$, 作 $\angle BAE = \angle B$, 则 $\angle EAC = (n-1)\angle B$. 于是, EC 满足关系
$$f_{n-1}(EC, b, a) = 0 \qquad (4)$$

图 10.14

应用托勒密(C. Ptolemy, 约 85—169)定理
$$c \cdot EC + b \cdot b = a \cdot a, \quad EC = \frac{a^2 - b^2}{c}$$

代入式(4): $f_{n-1}\left(\dfrac{a^2 - b^2}{c}, b, a\right) = 0$. 由于 $f_n(a,b,c)$ 是 a,b,c 的齐次式, 两边乘以 c, 去掉分母, 即得
$$f_n(a,b,c) = f_{n-1}(a^2 - b^2, bc, ac) = 0 \qquad (5)$$

式(5)告诉我们由 $f_{n-1}(a,b,c)$ 求 $f_n(a,b,c)$ 的步骤是:

(1) 在 $f_{n-1}(a,b,c)$ 中作代换: $a \to a^2 - b^2$, $b \to bc$, $c \to ac$.

(2) 约去非零因子.

例如, 用此法可求出
$$f_3(a,b,c) = (a^2 - b^2)(a - b) - bc^2$$
$$f_4(a,b,c) = (a^2 - b^2 - bc)^2(a^2 - b^2 + bc) - a^2bc^3$$

能否由上述递推式求出 $f_n(a,b,c)$ 的表达式? 留给读者去探求.

等边三角形(即正三角形)是特殊的等腰三角形, 等边三角形有一系列优美的结果, 比如第 6 章的等周问题, 第 7 章费马问题和拿破仑三角形问题, 还有维维安尼定理, 下边再举两例.

【例6】 P 为正 $\triangle ABC$ 内一点, P 在三条高 AD, BE, CF 上的射影分别为

L,M,N,则 $AL+BM+CN=$ 定值.

可用外接三角形考虑,分别过 C,A,B 作高 AD, BE,CF 的垂线,得正三角形 $A_1B_1C_1$(图 10.15). 作 $PA' \perp B_1C_1, PB' \perp C_1A_1, PC' \perp A_1B_1$,则 $AL = PA', BM = PB', CN = PC'$. 在 $\triangle A_1B_1C_1$ 中,用维维安尼定理就行了.

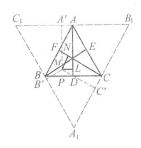

图 10.15

在一个文献上,此题曾有一个相当复杂的证明,这里我们则如此简洁地证明了,这再次表明外接三角形是很有用的工具.

在 $19 \sim 20$ 世纪之交,人们在三角形研究中又有不少新的发现,其中最奇妙、最扣人心弦的,是莫莱的发现.

弗兰克·莫莱(F. Morley,1860—1937)是美籍英国数学家. 1900 年,当他研究平面上 n 条直线的度量几何时,注意到一个现象:三角形内角的三等分线(共六条)的 12 个交点中,总有三个点构成正三角形,而不管原三角形如何.

【例 7】(莫莱定理) 三角形各内角的三等分线中,靠近每边的两条的交点(共三个)构成正三角形(莫莱三角形).

由于"三等分任意角"是尺规作图不能的问题,才使这美妙结果姗姗来迟. 近 90 年来,人们已发现不少证明,这里只介绍纳兰宁格尔 1909 年给出的证法,有些类似于同一法.

如图 10.16 所示,设 A' 是角 B,C 离 BC 较近的三等分线的交点,则 A' 是 $\triangle BCS$ 内心,SA' 平分 $\angle BSC$,分别在 SB,SC 上截 C',B',使 $\angle SA'C' = \angle SA'B' = 30°$,那么 $\triangle SA'C' \cong \triangle SA'B'$,$\triangle A'B'C'$ 为正三角形. 下边只要证 AC', AB' 是三等分线就行了. 分别在 AB, AC 上取 $PR = BA', CT = CA'$,则 $RC' = C'B' = B'T$,且 $\angle RC'B' = \angle C'B'T = 180° - 2\alpha$,从而 R, C', B', T 共圆,$\angle A = 3\alpha$,故 A 也在这圆周上,于是由 $RC' = C'B' = B'T$ 即知 $\angle BAC' = \angle C'AB' = \angle B'AC$.

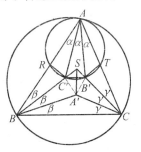

图 10.16

第 3 节 黄金三角形

当考虑图形的"再生性"时,常常要考虑这样的问题:怎样的等腰三角形能分割为两个等腰三角形?

三角形趣谈

观察图 10.17,(a)分成了两个全等的等腰三角形,则原三角形为等腰直角三角形.我们不考虑这种平凡的情况.对于(b),设顶角为 α,则 $\alpha=36°$,底角 $2\alpha=72°$;对(c),同样可算出底角 $\alpha=36°$,顶角 $3\alpha=108°$,以后,我们称有一角为 $36°$ 的等腰三角形为黄金三角形(简称金三角),而且称顶角为 $36°$ 的为第一类,底角为 $36°$ 的为第二类,分别为二(或三)倍角三角形.

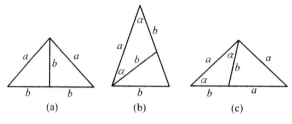

图 10.17

【例 8】 什么样的等腰梯形能被分为两个等腰三角形?

因为分法只有一种(如图 10.18 所示),那么很容易确定它的形状:设 $\angle ABD=\alpha$,则 $10\alpha=360°$,$\alpha=36°$,下底角 $2\alpha=72°$,上底角 $3\alpha=108°$,可见,这种梯形分出的是两个金三角.因此,称这种梯形为黄金梯形.

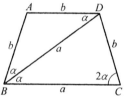

图 10.18

"黄金三角形"的名称是怎么来的?据说,西方首先发现勾股定理的毕达哥拉斯学派成员,佩带五星作为标志.因为他们发现了"五星美"的根源在于它的边互相分割为匀称的比例.如图 10.19 所示,画出的五角星,由于 $\triangle AGF \backsim \triangle AFC$ 则 $AG:AF=AF:AC$,$AF=GC$,则 $AG:GC=GC:AC=k_1$.这种比例叫做中外比,将线段分为中外比的分割,就叫做黄金分割.天文学家开普勒(J. Kepler 1571—1630)赞誉它是几何学的"两大宝藏"之一,它的比值 k_1(及 $k_2=\dfrac{1}{k_1}$)称为黄金比.不难算出 k_1 和 $-k_2(k_1>0)$ 是方程 $x^2+x-1=0$ 的两个根.因此

$$k_1=\frac{\sqrt{5}-1}{2}=0.618\,033\,98\cdots$$

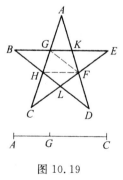

图 10.19

我们看到,正五角星"浑身"都是"黄金",因顶角为 $36°$,$\triangle KGF$,$\triangle AGK$,$\cdots$ 都是(第二或第一类)金三角,梯形 $GHFK$,$HCDF$,$BCDE$ 等都是黄金梯形.黄金分割的本质特点是它的再生性.金三角有如下性质:

(1) 底与腰的比为 k_1 或 k_2;

(2) 同类金三角相似;

(3) 第一类金三角底角平分线、第二类的顶角三等分线分对边两部分为黄金比;

(4) 一个金三角可分为两个不同类型的金三角,其面积比为 k_1 或 k_2.

如以 $H_1\triangle_n$ 和 $H_2\triangle_n$ 分别表示一、二类金三角,则 $H_1\triangle_1$ 可分为 $H_1\triangle_2$ 和 $H_2\triangle_2$,$H_1\triangle_2$ 又可分为 $H_1\triangle_3$ 和 $H_2\triangle_3$,…,$H_2\triangle_2$ 也可分为两个金三角,研究分出的金三角序列是很有趣的.

【例9】 设金三角序列 $H_1\triangle_1,H_1\triangle_2,\cdots,H_1\triangle_n,\cdots$ 底边中线每次逆时针旋转相同度数.

(1) 求这旋转度数;

(2) 对怎样的 n 值, $H_1\triangle_n$ 和 $H_1\triangle_1$ 是位似形?

设 $H_1\triangle_1$ 为 $\triangle A_1A_2A_3$,则 $H_1\triangle_2$ 为 $\triangle A_2A_3A_4$,…,$H_1\triangle_n$ 就是 $\triangle A_nA_{n+1}A_{n+2}$(图10.20).设 H 是 $\triangle A_1A_2A_3$ 垂心,则每次旋转的角为 $\angle A_1HA_2=180°-\angle A_3=108°$. 要求 $H_1\triangle_1$ 的位似形,必须旋转 $360°$ 整数倍,命 $(n-1)108°=k\cdot360°$,则 $3(n-1)=10k$,记 $k=3m$(这里 $m\in \mathbf{N}$),则 $n=3m+1$,就是说: $H_1\triangle_1,H_1\triangle_{11},H_1\triangle_{21},\cdots$ 都是位似形. 研究 A_n 和垂心的轨迹是很有趣的.

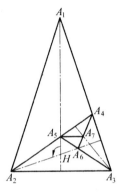

图 10.20

也可以研究内角大小成黄金比的三角形,如 $\triangle ABC$ 的 $\angle B:\angle C=k_2,AB<AC<BC$,则可在 BC 上取点 B',使 $\triangle AB'C$ 具有同样性质,这样构成的三角形序列同斐波那契(L.Fibonacci)数有关.

第4节 三边成特殊数列的三角形

三边之比 $a:b:c=3:4:5$ 的三角形,对勾股定理及其逆定理的发现,起"抛砖引玉"的作用,有趣的是,边成等差数列的直角三角形,只有这一类.

【例10】 试求边长成等差数列的直角三角形的三边之比.

设 $Rt\triangle ABC$ 勾、股、弦分别为 $a=b-d,b,c=b+d$(这里 $d>0$),则 $(b-d)^2+b^2=(b+d)^2$, $b=4d$,故 $a=3d,b=4d,c=5d$.

对一般的边长成等差数列的三角形,有

定理4 设 $\triangle ABC$ 三边 $a,b,c(a\leqslant b\leqslant c)$ 成等差数列,公差为 d,则

(1) $0 \leqslant d < \dfrac{b}{2}$；

(2) 等差中项的边上的高 $h_b = 3r$；

(3) $IG \parallel AC$；

(4) $OI \perp BI$；

(5) $\dfrac{3}{4}b < t_b \leqslant \dfrac{\sqrt{3}}{2}b \leqslant m_b < b, 0 < h_b \leqslant \dfrac{\sqrt{3}}{2}b$.

由于 $\dfrac{1}{2}h_b b = pr, p = \dfrac{3}{2}b$，(2) 成立. 由图 10.21(a) 中，$\triangle B'GM \backsim \triangle B'BN$，可知 $h_b = 3GM$，又 $h_b = 3r$，故 $IG \parallel AC$. 由图 10.21(b)，$BE = \dfrac{p_b}{2} = \dfrac{b}{2}$ (E 是切点) 可算出 $BI^2 = 2Rr, OB = R$，由欧拉公式：$OI^2 = R^2 - 2Rr$ 可推知 $OI \perp BI$. 关于角平分线、中线和高的范围的不等式 (5)，应用有关公式可算得，如对 h_b，由于 $h_b = 3r, p = \dfrac{3}{2}b, r = \sqrt{\dfrac{p_a p_b p_c}{p}} = \dfrac{1}{2\sqrt{3}}\sqrt{4ac - 3b^2} \cdot \dfrac{3}{4}b^2 \leqslant ac \leqslant b^2$，故 $0 < \sqrt{4ac - b^2} \leqslant b$，从而 $0 < h_b \leqslant \dfrac{\sqrt{3}}{2}b$. 由图 10.21 还可得

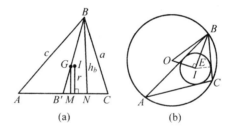

图 10.21

定理 5 若 $\triangle ABC$ 满足定理 4 条件 (2),(3),(4) 之一，则它的三边成等差数列.

对边长成等比数列的三角形，已获得了若干漂亮结果.

定理 6(岳永录) 若 $\triangle ABC$ 三边成等比数列，公比为 q，那么 $k_1 < q < k_2$ (k_1, k_2 为黄金比). 设对 $\triangle A_i B_i C_i$ 有 $a_i : b_i = b_i : c_i = q_i$（这里 $i = 1,2$），若 $q_1 \in (k_1, 1]$，则存在 $q_2 \in [1, k_2)$，使 $\triangle A_1 B_1 C_1 \backsim \triangle A_2 B_2 C_2$.

设 $\triangle ABC$ 边 a, b, c 成等比数列，公比为 q，则

$$\begin{cases} a+aq > aq^2 \\ aq+aq^2 > a \\ aq^2+a > aq \end{cases} \quad 即 \quad \begin{cases} 1+q > q^2 \\ q^2+q > 1 \\ q^2+1 > q \end{cases}$$

解之,得 $k_1 < q < k_2$. 如 $q_1 \in (k_1,1]$,则可取

$$q_2 = \frac{1}{q_1} \in [1,k_2)$$

使 $\dfrac{a_2}{b_2} = \dfrac{b_2}{c_2} = q_2 = \dfrac{1}{q_1} = \dfrac{b_1}{a_1} = \dfrac{c_1}{b_1}$,故

$$\triangle A_1B_1C_1 \backsim \triangle A_2B_2C_2$$

当然,还可进一步证明:两个边长成等比数列的三角形,如果公比在同一区间 $(k_1,1]$ 或 $[1,k_2)$ 中,它们不会相似.

【例 11】 边长成等比数列的三角形为直角三角形的条件是什么?

设 $\triangle ABC$ 的 $\angle A = 90°$,则 $b^2+c^2=a^2$,即 $a^2q^2+a^2q^4=a^2$,$q^4+q^2-1=0$,$q^2=k_1$,$q=\sqrt{k_1}$. 反之,如

$$q=\sqrt{k_1}$$

也可知 $\angle A = 90°$.

练习 10

1. 应用本题图形,证明:勾股定理.

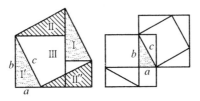

1 题图

2. 如图是第 20 届美国总统加菲尔德 1876 年设计用来证明勾股定理的,他是怎样证的?

3. (帕普斯)在 $\triangle ABC$ 的边 AB,AC 上分别向外侧作 $\square ABDE$ 和 $\square ACGF$,DE 与 GF 延长交于 P,作 $BH \underline{\underline{\parallel}} PA$,再作 $\square BHKC$,则 $S_{\square BHKC} = S_{\square ABDE} + S_{\square ACFG}$.

4. 如图,用相似形证勾股定理.

2 题图

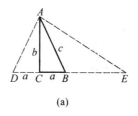
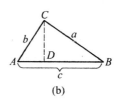

(a)　　　　　　　(b)

4 题图

5. 在 Rt△ABC 中，$AC=BC$，试求以 C 为圆心，CA 为半径的圆弧同 AB 为直径的半圆围成的月牙形的面积 S_F.

6. 求证：图中打阴影的直角三角形勾股弦之比均为 $3:4:5$.

6 题图

7. 试证：如图中打阴影的三角形三内角之比均为 $1:2:3$.

7 题图

8. CD 为 Rt△ABC 斜边上的高，求证：△ABC，△ABD，△ACD 内切圆半径和等于 CD.

9. (1) 在 △ABC 中，$\angle B > \angle C$，则 $\angle B$ 平分线 BD 小于 $\angle C$ 的平分线 CE.
(2) 据(1)，用反证法证明雷米欧斯定理.

10. 顶角为 $20°$ 的等腰三角形底为 a、腰为 b，则
$$a^3 + b^3 = 3ab^2$$

11. 等腰 △ABC 顶角 $\angle A = 20°$，D, E 分别为 AB, AC 上的点，已知 $\angle ACD = 20°$，$\angle ABE = 30°$，求 $\angle CDE$ 的度数 θ.

12. △ABC 的角 $A:B:C=1:2:3$，求 $a:b:c$.

13. △ABC 的角 $A:B:C=4:2:1$,求证:$\frac{1}{a}+\frac{1}{b}=\frac{1}{c}$.

14. △ABC 的角 $3A=2B$,求三边 a,b,c 之间满足的关系式.

15. 平面上有四个点,其中任何两点的距离只能取两个数值之一,找出这四点组的所有情况.

16. 有一种标准规格纸具有"再生性":对折后与原矩形相似,长宽比如何?

17. 裁下一个最大正方形后长宽比不变的矩形,叫黄金矩形.求证:其邻边之比为 k_1 或 k_2.

练习题解答概要

练习 1

1. 直接验证即可. 2. 仅需证一切解均可表示成那个形式,原方程给出: $(w+z)(w-z)=x^2+y^2 \in \mathbf{N}, w+z>w-z>0$,在 x^2+y^2 的约数中,有小于 $\sqrt{x^2+y^2}$ 的,记作 k,那么 $w+z=(x^2+y^2)/k, w-z=k$,因 $2\mid(x+y)$,故 $2\mid(x^2+y^2)=(w+z)(w-z)$,则 w 与 z 同奇偶,故 $4\mid(x^2+y^2)$ 且 $2\mid(w-z)=k$,因此 $[(x^2+y^2)/k\pm k]$ 为偶数,取 $x=a, y=b$,解 (x,y,z,w) 即表为题目中的形式. 3. 由定理 2,$\Delta = k^2mn(m^2-n^2) = k^2[n(m-1)m(m+1)-m(n-1)n(n+1)]$ 易见. 4. (a,b,c) 为海伦数组,对 $n \in \mathbf{N}, (na, nb, nc)$ 也是,但 (a^2, b^2, c^2) 不是. 5. (2) $a_1 = 1+4 = 1^2+2^2, a_2 = 2^2+3^2, \cdots$,从而 $a_n = n^2+(n+1)^2$;由 $h_1=4, h_2=12, h_3=24, h_4=40, \cdots$,看出 $a_n = h_n+1, c_n = b_n+1$. 6. (1) 仅证 $a+b>c$ 即可;(2) 用余弦定理;(3) 命 $p_1:p=q_1:q=k$,则 $p_1 = kp, q_1 = kq$,从而 $a_1 = ka, b_1 = kb, c_1 = kc$,故 $\triangle(p,q) \backsim \triangle(p_1, q_1)$.

练习 2

1. $\sum_{n=1}^{12} D_n = 18$(种). 2. 分别对 k, u, v 为奇、偶加以验证即知. 3. 设三边分别为 $n-1, n, n+1$,则周长 $\leqslant l$ 的锐角三角形个数 $N(l)$ 即为不等式组:$(n-1)+n>n+1, (n-1)+n+(n+1)\leqslant l, \cos C = \dfrac{n-4}{2(n-1)}>0$ 的整解数,故 $N(l) = \left[\dfrac{l}{3}\right]-4, N(100)=29$. 4. $N_d(l) = \left[\dfrac{l}{3}\right]-4d$. 8. 如 $k \leqslant \left[\dfrac{n}{2}\right]$,$x_k + y_k = \dfrac{1}{2}[2n^2-6(k-6)n+5k^2-9k+4]$;如 $k > \left[\dfrac{n}{2}\right]$,则 $y_k = 0$,个数 $x_k = \dfrac{1}{2}(n-k+1)(n-k+2)$. 9. (1) $M(1,0,0) = 4 = 1+3\times 1$,设 $M(a-1, 0,$

$0)=1+3(a-1)$,则 $M(a,0,0)=(M(a-1,0,0)-1)+4=1+3a$,对任意 b, c,命 $M(a-1,b,c)=1+3(a-1)+5b+7c$,则 $M(a,b,c)=(m(a-1,b,c)-1)+4=1+3a+5b+7c$,对 b,c 归纳结果一样.(2)若 $M(a_0,b_0,c_0)=k$,则 $M(a_0+1,b_0,c_0)=k+3$,又 $M(0,0,0)=1,M(1,0,0)=4,M(0,1,0)=6$, $M(2,0,0)=7,M(0,0,1)=8$,因此对任何 $n(n\neq 2,3,5)$,均可分出. 10. $S_{17}=53\ 516$.

练习 3

1.如边长依次为 $1,\sqrt{2},\sqrt{3},\sqrt{\pi}$ 的四边形就分不出,若可分成边长为 a,b,c 的全等三角形,则组 $m_i a+n_i b+l_i c=p_i, i=1,2,3,4,(p_1=1,p_2=\sqrt{2},p_3=\sqrt{3}, p_4=\sqrt{\pi},m_i,n_i,l_i$ 为非负整数)应有解,但这组无解. 2.作剖分 $S_3(\triangle ABC)$, EF 为过 G 的直线,如 EF 为剖分线,则差 $=\frac{1}{9}S_{\triangle ABC}$,否则小于 $\frac{1}{9}S_{\triangle ABC}$. 3.(2)由 $\frac{PD}{AD}+\frac{PE}{AE}+\frac{PF}{AF}=1$,三个分式中至少一个不小于 $\frac{1}{3}$,不妨设 $\frac{PD}{AD}=\frac{1}{\left(1+\frac{AP}{PD}\right)}\geqslant \frac{1}{3}$ 即知. 6.先证正方形两边分别在直角边上,且一顶点在斜边上时最大,算出最大边长 $=\frac{ab}{a+b}$. 7.由于二色 k_6 至少有一单色三角形,设 $\triangle A_1A_2A_3$ 为红色,如 $\triangle A_4A_5A_6$ 也红,则证毕;不妨设 A_4A_6 为蓝色,对 $i=4,5,6$,如 A_i 与 A_1, A_2,A_3 连线中有两条红边,则证毕;故不妨设 A_4,A_6 与 A_1,A_2,A_3 连线中,至少有两蓝边,即 A_1,A_2,A_3 至少有一点与 A_4,A_6 连线均为蓝色,证毕. 8.类似地可证. 10.正三、四、六边形. 11.应用作图或中线公式可证第一结论,且中线三角形的中线等于原三角形相应边的四分之三. 12.证明 $n\to\infty$ 时, $A_n\to P$, $B_n\to P, C_n\to P$ 即可.

练习 4

1.和差化积与倍角公式. 2.降幂公式 $\sin^2 x=\frac{1}{2}(1-\cos 2x),\sin^3 x=\frac{1}{4}(3\sin x-\sin 3x)$ 等. 3.(1)正弦定理和加法公式;(2)第二余弦定理;(3)

第一余弦定理;(4) 如 $bc\cos^2\dfrac{A}{2}=pp_a$ 等. 4. 中间式 $<\dfrac{A}{2}+\dfrac{B}{2}+\dfrac{C}{2}=\dfrac{\pi}{2}$, $(a-b)(A-B)\geqslant 0, 3(aA+bB+cC)-(a+b+c)(A+B+C)=(a-b)(A-B)+(b-c)(B-C)+(c-a)(C-A)\geqslant 0$. 5. (2) $\cot\left(\dfrac{A}{2}+\dfrac{B}{2}+\dfrac{C}{2}\right)=0$ 展开; (4) 左 $=\dfrac{\cos A}{\cos B\cos C}+\cdots=\dfrac{\cos^2 A+\cos^2 B+\cos^2 C}{\cos A\cos B\cos C}=\dfrac{1-2\cos A\cos B\cos C}{\cos A\cos B\cos C}=$ 右. 6. 原式 $=\dfrac{1+\cos A\cos B\cos C}{\sin A\sin B\sin C}$. 7. $0<\cot\dfrac{A}{2}\cot\dfrac{B}{2}\cot\dfrac{C}{2}<\dfrac{\sqrt{3}}{9}$, $0<\sin\dfrac{A}{2}\sin\dfrac{B}{2}\sin\dfrac{C}{2}\leqslant\dfrac{1}{8}$, 设左 $=y$, 则 $0<\dfrac{1}{y}\leqslant\dfrac{\sqrt{3}}{9}+\dfrac{1}{8}=\dfrac{9+8\sqrt{3}}{72}$, $\dfrac{9+8\sqrt{3}}{72}-\dfrac{1}{\pi}=\dfrac{(9+8\sqrt{3})\pi-72}{72\pi}<\dfrac{(9+8\times 1.732)3.142-72}{72\pi}<0$. 故然. 8. (1) 左 $=\sqrt{\dfrac{1-\cos A}{2}}=\sqrt{\dfrac{1}{2}\left(1-\dfrac{b^2+c^2-a^2}{2bc}\right)}=\sqrt{\dfrac{a^2-(b-c)^2}{4bc}}\leqslant\sqrt{\dfrac{a^2}{4bc}}$. 9. (1) $y=$ 左 $=\dfrac{1-\cos 2A}{2}+\dfrac{1-\cos 2B}{2}+1-\cos^2 C=2-\dfrac{1}{2}\cos(A+B)\cos(A-B)-\cos^2 C$, $\cos^2 C-\cos(A-B)\cos C+(y-2)=0$, $\Delta=\cos^2(A-B)-4(y-2)\geqslant 0$, $y\leqslant\dfrac{9}{4}$, (2) 用(1)及正弦定理 14. 见例 17. 15. 应用 $\cot A=\dfrac{b^2+c^2-a^2}{4\Delta}$ 等.

16. $\tan A+\tan B+\tan C=\tan A\tan B\tan C=\dfrac{s}{c}$, $\tan A\cdot\tan B+\tan B\tan C+\tan C\tan A=\cdots=\dfrac{1+c}{c}$, 故然. 17. (1) $\sin^2 A=\dfrac{a^2}{4R^2}$, $\cot A=\dfrac{b^2+c^2-a^2}{4\Delta}$ 等代入即得; (2) 半角公式代入, 可命 $D_2=\dfrac{p}{abc}k(b-c)(c-a)(a-b)$, 这是由于 $a=b, b=c, c=a$, 代入均得零. 又比较系数知 $k=1$. 18. 左 $-$ 右 $=4\cos\dfrac{A}{2}\cos\dfrac{B}{2}\cos\dfrac{C}{2}\cdot\left(1-8\sin\dfrac{A}{2}\sin\dfrac{B}{2}\sin\dfrac{C}{2}\right)\geqslant 0$.

练习 5

1. 如图 5.1, $P_3P_1^2=r_3^2+r_1^2-2r_3r_1\cos(A+C)=(r_3\sin C+r_1\sin A)^2+$

$(r_3 \cos C - r_1 \cos A)^2 \leqslant (r_3 \sin C + r_1 \sin A)^2$, 于是 $P_1P_2 + P_2P_3 + P_3P_1 \leqslant 2(r_1 \sin A + r_2 \sin B + r_3 \sin C) = \dfrac{2\Delta}{R}$(最后一步用了维维安尼定理推广, 见本书第 6 章定理 2). 2. 考虑 $a + b + c > OA + OB + OC$. 4. 作连心线用艾－莫不等式. 5. 进行一系列的变形即知. 6. $\Delta = a^2 \sin B \dfrac{\sin C}{\sin A}$, $a = \left(\dfrac{2\Delta \sin A}{\sin B \sin C}\right)^{\frac{1}{2}}, \cdots$, 记 $S = \sin A \sin A' \sin B \sin B' \sin C \sin C'$, 则 $S^{\frac{1}{3}} \leqslant \sin^2 60° = \dfrac{3}{4}$, $(aa' + bb' + cc')^2 = \dfrac{4\Delta \Delta'}{S}(\sin A \sin A' + \sin B \sin B' + \sin C \sin C')^2 \geqslant \dfrac{4\Delta \Delta' \cdot 9S^{\frac{2}{3}}}{S} = \dfrac{36\Delta \Delta'}{SY^{\frac{1}{3}}} \geqslant \dfrac{36\Delta \Delta'}{\frac{3}{4}} = 48\Delta \Delta'$. 9. $\dfrac{a_1^2(-a^2 + b^2 + c^2)}{4\Delta} \cdot \dfrac{1}{2\Delta_1} = \dfrac{-a^2 + b^2 + c^2}{2bc \sin A} \cdot \dfrac{\sin A_1}{\sin B_1 \sin C_1} = \cot A(\cot B_1 + \cot C_1), \cdots$, 故 $Q = \dfrac{H}{8\Delta \Delta_1} \geqslant \dfrac{16\Delta \Delta_1}{8\Delta \Delta_1} = 2$, 反之亦然. 10. 右－左 $= (xa^2 + yb^2 + zc^2)^2 - 4xya^2b^2 \sin^2 c - 4yzb^2c^2 \sin^2 A - 4zxc^2a^2 \sin^2 B = (xa^2)^2 + (yb^2)^2 + (zc^2)^2 - 2yb^2 \cdot zc^2 \cos(\pi - 2A) - 2zc^2 \cdot xa^2 \cos(\pi - 2B) - 2xa^2 \cdot yb^2 \cdot \cos(\pi - 2C) \geqslant 0$. 11. 在例 2 的 (2) 中, 取 $a_1 = b_1 = c_1 = 1$ 即得(1); 取 $a_1 = a, b_1 = b, c_1 = c$ 即得(2); 取 $a_1 = a^2$, $b_1 = b^2, c_1 = c^2$ 即得(3). 13. 应用余弦幂公式 $\sin^2 \dfrac{x}{2} = \dfrac{1}{2}(1 - \cos x)$ 和 $\cos^2 \dfrac{x}{2} = \dfrac{1}{2}(1 + \cos x)$. 14. 用控制不等式 ③ 及 $\sin x$ 的凹性.

练习 6

4. 应用本章不等式(6): $t_a \leqslant \sqrt{pp_a}$, $t_b \leqslant \sqrt{pp_b}$, $t_c \leqslant \sqrt{pp_c}$. 5. (1) $h_a = \dfrac{2\Delta}{a}$, 应用 $\dfrac{1}{a} + \dfrac{1}{b} + \dfrac{1}{c} \geqslant \dfrac{\sqrt{3}}{R}$. (1) 两边平方, $3(h_a^2 + h_b^2 + h_c^2) \geqslant (h_a + h_b + h_c)^2 \geqslant \dfrac{12\Delta^2}{R^2}$, 即得(2). (3) $h_a h_b h_c = abc \sin A \cdot \sin B \sin C \leqslant \sqrt{3}R^3 \cdot \dfrac{3\sqrt{3}}{8}$ 即得. (4) $\dfrac{1}{h_a} + \dfrac{1}{h_b} + \dfrac{1}{h_c} = \dfrac{p}{\Delta} = \dfrac{1}{r} \geqslant \dfrac{2}{R}$. (5) 易证 $bc = 2Rh_a$, 则 $h_a = \dfrac{bc}{2R} \leqslant \dfrac{1}{2R} \cdot \dfrac{b^2 + c^2}{2} = \dfrac{1}{4R}(b \cdot 2R \sin B + c \cdot 2R \sin C) = \dfrac{1}{2}(b \sin B + c \sin C), \cdots$ 6. 先证 $\dfrac{m_a^2 + m_b^2 + m_c^3}{a^2 + b^2 + c^2} =$

$\frac{3}{4}, 4\sqrt{3}\Delta \leqslant a^2+b^2+c^2 \leqslant 9R^2$ 可证. 8. m_a, m_b, m_c 可构成三角形,对之用芬·哈不等式(5章2节). 9. 由 $\tan C = \dfrac{\tan A + \tan B}{\tan A \tan B - 1}$ 可知. 14. 由余弦定理: $(a-b)(a^2+b^2-c^2)(na+nb-mc)=0$,但 $0<m\leqslant n, na+nb-mc\neq 0$,故 $a-b=0$ 或 $a^2+b^2-c^2=0$ 或同时成立.

练习 7

1. 因内、外角平分线互相垂直,I, I_a, I_b, I_c 构成垂心组,而 $\triangle ABC$ 外接圆正是 $\triangle I_a I_b I_c$ 的九点圆. 2. M 为 $\triangle ABC$ 的边 BC 的中点,$AD \perp BC$ 于 D, B, C 在 $\angle A$ 平分线上射影为 B', C',联结 $BC'MB'$,延长 CC' 交 AB 于 B_1,则 $B_1C'=C'C, MC' // BB_1, \angle C'MC=\angle ABC$,又 A, B, B', D 共圆,$\angle ABC = \angle AB'D$,所以 $\angle C'MC = \angle AB'D$,故 C', M, B', D 共圆. 3. $QR=\dfrac{1}{2}BC=B_1C_1, PQ=A_1B_1, RP=A_1C_1, \triangle PQR \cong \triangle A_1B_1C_1$,又 D 与 A 关于 B_1C_1 对称,故 $\triangle DB_1C_1 \cong \triangle A_1B_1C_1 \cong \triangle PQR$. 4. 设 $\triangle ABC$ 的 BC 边和对角 $\angle A$ 不变,则点 A 沿 $\triangle ABC$ 外接圆的 $\overset{\frown}{BAC}$ 运动,$\angle BHC$ 与 $\angle A$ 互补,H 也沿圆弧运动;但外心 O 不动,故 OH 中点 N 也沿圆弧运动. 5. A, N, H 已知,则 O 及 $\dfrac{AH}{2}$ 可求,于是 A' 及 $\odot O$ 可作,从而点 B, C 可作出. 6. $\angle BHC = \angle BIC = 120°$,且 H, I 在 BC 同侧. 8. 设 $\odot ABED$ 与 $\odot BCGF$ 交于点 P,则 $\angle APC=90°$. 11. 设三圆中,$\odot Q$ 与 $\odot R$ 交于 $A, H, \odot R$ 与 $\odot P$ 交于 $B, H, \odot P$ 与 $\odot Q$ 交于 C, H,仿例 8,$BC // RQ$,而 $AH \perp RQ$,故 $AH \perp BC$. 12. $ABXC$ 为平行四边形,以 BC 中点 D 为中心将 $\triangle XCB$ 旋转 $180°$ 即与 $\triangle ABC$ 重合,D 为公共点,则 $\triangle ABC$ 与 $\triangle XCB$ 的九心的连线 NN' 过 D,D 又在九点圆上,故为切点.

练习 8

3. $\dfrac{PL}{AL}+\dfrac{PM}{BM}+\dfrac{PN}{CN}=\dfrac{S_{\triangle PBC}}{S_{\triangle ABC}}+\dfrac{S_{\triangle PCA}}{S_{\triangle BCA}}+\dfrac{S_{\triangle PAB}}{S_{\triangle CAB}}=\dfrac{S_{\triangle ABC}}{S_{\triangle ABC}}=1$. 4. $S_{\triangle ABC}=|S_{\triangle APB}+S_{\triangle BPC}-S_{\triangle APC}|$,则 A, B, C 共线 $\Leftrightarrow S_{\triangle ABC}=0 \Leftrightarrow S_{\triangle APB}+S_{\triangle BPC}=S_{\triangle APC}$. 5. 设前三条线交于 M,由于 $\odot A_1B_1C_1$ 的中心 O 在 C_1C_2 的中垂线上,因此,如延长 MO 交由 C_2 引的 AB 的垂线于 N,则 $NO=MO, M, O$ 均为定点,

N 也是定点,换过 A_2,B_2 分别垂直于 BC,CA 的直线来考虑,也如此,故都过点 N. 6.应用迪沙格定理. 7.设三垂线交于 K,则 $AF^2+BD^2+CE^2=(AK^2-KF^2)+(BK^2-KD^2)+(CK^2-KE^2)=(BK^2-KF^2)+(CK^2-KD^2)+(AK^2-KE^2)=FB^2+DC^2+EA^2$ 反之,由 E,F 分别引 CA,AB 垂线交于 K_1,$K_1D_1 \perp BC$ 于 D_1,则 $AF^2+BD_1^2+CE^2=FB^2+D_1C^2+EA^2$,两式相减;$BD_1^2-BD^2=D_1C^2-DC^2$,若 D_1 与 D 不重合,则等式两边异号. 9.将 $\triangle ABC$ 沿内角平分线 AD 对折,则类似中线 AA_1 与中线 AA' 重合,这说明 $\angle A_1AD=\angle A'AD<\frac{1}{2}\angle A$,故 AA_1 总在 $\angle A$ 内部.

练习 9

1. A,B,C 三圆均过 P,设两两相交的另外三点为 P_1,Q_1,R_1,而以 PA,PB,PC 为直径的三圆两两相交的另外三点为 P',Q',R',$\triangle P_1Q_1R_1$ 位似于 $\triangle PQR$,再用例 1.或作公共弦用定理 8 推论 4. 2.四条直线为 p,q,r,s,设 M 为 $\odot pqr$($\triangle pqr$ 外接圆)和 $\odot pqs$ 的另一交点,将 M 同四垂心联结,则四线段均被 M 关于 $\triangle pqr$ 和 $\triangle pqs$ 的公共西姆松线平分. 3.由西姆松线性质 4 即知.

4.作 $PT_1 \perp AB$ 于 T_1,再作 $PT_2 \perp BC$ 延长交 $\odot O$ 于 K,按性质 1,$T_1T_2 \parallel AK$,但已知 $T_1T_2 \parallel AO$,A,O,k 共线,AK 即为 $\odot O$ 直径,$PA \perp PT_2$,故 $PA \parallel BC$. 7.内切 $\odot I$ 切边 BC,CA,AB 于 A',B',C' 连 AI 必过 $\overparen{BC}$ 中点 P_1,作 $P_1T \perp BC$ 于 T,延长 PT 交外接圆于 K,联结 AK,则 $AK \perp AP_1$,P_1 的垂足线 $l_1 \parallel AK$,$B'C' \perp AP_1$,$B'C' \parallel AK$,故 $l_1 \parallel B'C'$,同样 $l_2 \parallel C'A'$,$l_3 \parallel A'B'$,故 $\triangle l_1l_2l_3 \backsim \triangle A'B'C'$. 8.(1)$P,M,L,C$ 共圆,$\angle PCA=\angle PLN$;P,M,A,N 共圆,$\angle PAC=\angle PNL$,故 $\triangle PAC \backsim \triangle PNL$;(2)由(1)知 $\triangle PCA \backsim \triangle PLN$,类似 $\triangle PBC \backsim \triangle PNM$,$\triangle PAB \backsim \triangle PML$,列出比例式相乘即得;(3)由(2)中比例式得 $\frac{BC}{PL}=\frac{CA \cdot MN}{PM \cdot NL}$,$\frac{CA}{PM}=\frac{AB \cdot NL}{PN \cdot LM}$,$\frac{AB}{PN}=\frac{BC \cdot LM}{PL \cdot MN}$,$NL=NM+ML$,即得 $\frac{CA}{PM}=\frac{BC}{PL}+\frac{AB}{PN}$. 9.因 O,G 定了,按欧拉线定理,H 也定了,对 $\odot O$ 上一定点 P,它关于以 O 为外心,H 为垂心的任何三角形的垂足线都过 HP 中点,故相交于此点. 10.设垂心为 H,则 D 在 $\odot BFH$ 上,P,Q,R 共线,类似,Q,R,S 共线,故四点共线. 11.$ON=\frac{1}{2}OH$,$ON^2=\frac{9}{4}R^2-\frac{1}{4}(a^2+b^2+c^2)$,解 $\frac{9}{4}R^2-$

$\frac{1}{4}(a^2+b^2+c^2)=R^2\left(1-\frac{4\Delta_N}{\Delta}\right)$ 即得. 12.仿例 5. 14. $\Delta_O=\frac{\Delta}{4}$.

练习 10

1.图(a) Ⅰ+Ⅱ+Ⅲ=Ⅰ′+Ⅱ′+Ⅲ 即 $c^2=a^2+b^2$;图(b) $c^2+4\cdot\frac{ab}{2}=a^2+b^2+4\cdot\frac{ab}{2}$. 2. $\frac{1}{2}(a+b)(a+b)=2\cdot\frac{1}{2}ab+\frac{1}{2}c^2$. 3.延长 PA 交 BC 于 M,交 HK 于 N;延长 HB 交 DE 于 Q,延长 KC 交 FG 于 R,则 $S_{\square BHKC}=S_{\square BHNM}+S_{\square MNKC}=S_{\square BAPQ}+S_{\square APRC}=S_{\square ABDE}+S_{\square ACFG}$. 4.图(a),考虑 $\triangle ACD \backsim \triangle ECA, AC^2=DC\cdot CE$. 5. $S_F=S_{\triangle ABC}$. 8. $2r=a+b-c, 2r_1=AD+CD-b, 2r_2=CD+BD-a$,故 $r+r_1+r_2=CD$. 10.将已知 $\triangle ABC(\angle A=20°)$ 向左、右各旋转 20°,得五边形 ADBCE,联结 DE,则 $\triangle ADE$ 为正三角形,DE=b,作 $AH \perp BC$ 交 DE 于 G,则 $AH=\sqrt{b^2-\frac{1}{4}a^2}, AG=\frac{\sqrt{3}}{2}b, GH=\sqrt{b^2-\frac{1}{4}a^2}-\frac{\sqrt{3}}{2}b=\sqrt{a^2-\frac{1}{4}(b-a)^2}$ 化简即得. 11. Thompson 证法(1951)大略:A 为圆心,AB 为半径作圆,则 BC 为正 18 边形 $A_1A_2\cdots A_{18}$(A_1 为 B,A_2 为 C)的一条边,$\angle ABE=30°$,E 在弦 BA_7 上,BA_7 关于 AC 的对称线为 A_3A_{15},设 A_3A_{15} 交 AB 于 X,又 A_3A_{15} 垂直平分 A_1A_{18},则 $AX=A_{18}X, AX=CX, \angle ACX=20°$,X 即为 D,从而得 $\theta=\angle CXE=30°$. 13.设 $\triangle ABC$ 的 $\angle C=\alpha, \angle B=2\alpha, \angle A=4\alpha$,$\angle A$ 的平分线交 BC 于 D,$\angle B$ 的平分线交 AC 于 E,作 DF∥BE 交 AC 于 F,则 $\triangle ABC \backsim \triangle DAC, AB:BC=AD:AC, AB:a=AD:b, AD=DF=FC=AC-AF=b-AF, \triangle ABD \cong \triangle ADF, AF=AB$,故 $\frac{c}{a}=\frac{b-c}{b}$,整理即得.

14.答:$(b^2-a^2)(b^2-a^2+bc)-a^2c^2=0$. 15.设两个数值为 a,b,有两种情形:一点在另三点构成的三角形内;四点构成凸四边形.总共六种情形(如图).
16.答 $\sqrt{2}$.

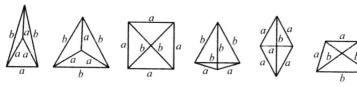

15 题答案图

编辑手记

维珍(Virgin)品牌创始人布兰森曾说：

"拉丁语从来不是我钟爱的课程，不过有个拉丁词汇却刻在了我的脑子里：'educere（引出）'. 从这个词让我了解到，原来'education（教育）'一词的词根的意思是带领、向前，多意外啊！我原本一直以为教育就仅仅意味着'塞进去'."

这本书就是一位从事了一辈子初等数学研究的老者带领你向前领略初等数学之美的一本小册子.

这本书是20世纪80年代末出版的一本小册子再版. 上海世纪出版集团的掌门人陈昕将出版业的变化总结为：从纯真时代（出版人出自己想出的书，不指望赚大钱）到管理时代（单本核算制的推行），再到资本时代（会计比编辑多）的演进，改变了出版业的底色，抽空了传统出版业的智性价值、美学价值和社会批判功能，使一些出版物堕落为娱乐业的附庸. 说得真好，这本书的命运同陈总说的一样. 从一本读者喜爱的中学生课外读物沦落为出版的"鸡肋". 昔日数学编辑叶中豪先生也由出版界新星沦为不创利的边缘人物而暗然退场. 而这一切就发生在世纪集团.

一些当代社会学理论告诉我们,审美趣味属于一种文化资本,经常体现出拥有者的社会地位.

在当今的中学数学界最显赫者是那些中高考的辅导教师.其次是那些数学奥林匹克教练员,而初等数学研究者则有被逐渐边缘化的倾向.从深层次说,这是国人实用主义倾向日盛(非杜威的实用主义)的集中反映.

余生也晚,其实这种只重眼前实用,不顾及体系完善的倾向很早就有了.

南京大学历史学家高华在研究根据地教育的价值和局限时指出:

"过分强调'学用结合'、'干中学',在实际操作中又经常只重视生产劳动而忽视系统知识的传授.在那几年,'百年树人'、'培养建国人才'的观点,被斥之为'空洞',讲授自然科学诸如太阳系、人的神经系统都被批评为教条主义.延安对国统区的教育也进行了严厉的批判,指责大后方的"别有用心的教育家"鼓励青年埋头在物理、化学、教育等书库里.这种风气一开,在一段时期内,学校教育几乎完全被忽视,据有关资料披露.1943年的下半年延安的普教系统的知识学习已经完全终止,而转变为参加生产劳动,这就从教育与劳动相结合走向了取消教育的地步."

(高华著.《革命年代》.广州:广东人民出版社,2010:175－176.)

在这种一切以实用为导向的精神气质弥漫于整个社会之际,出版界也不能幸免.于是像杨老的这本小册子在这样的出版环境中能够重现实属不易.

1929年,上海有家酒馆取名"四而楼",人们不懂,就问当时任中国公学校长的胡适,胡适也不懂,就去问那老板.得到的回答是套用《三字经》的话,为了"一而十,十而百,百而千,千而万"地赚钱!

我们数学工作室也可以取名为"四而室".但我们是要"一而十,十而百,百而千,千而万"地出版优秀数学读物.而且我们相信一定会有识货的人.是好东西一定会有市场的,就是有再大的困难我们也一定要坚持,并保持特色不变.

1939年,第二次世界大战初起时,英国政府设计了三款激励民心的海报,但始终没有对外公开.一直到2000年,在英国的一家二手书店中发现了这张海报,并张贴了出来,引起了非常多的人的喜爱.后来,其中一张海报被广泛商品化,其实这上面只有 5 个英文单词:KEEP CALM AND CARRY ON,全红的底色,让这 5 个词清晰醒目无比.译成汉语即为:保持冷静,坚持前进!

这就是我们的口号!

刘培杰

2012 年 4 月 7 日于哈工大

哈尔滨工业大学出版社刘培杰数学工作室
已出版(即将出版)图书目录

书 名	出版时间	定价	编号
新编中学数学解题方法全书(高中版)上卷	2007—09	38.00	7
新编中学数学解题方法全书(高中版)中卷	2007—09	48.00	8
新编中学数学解题方法全书(高中版)下卷(一)	2007—09	42.00	17
新编中学数学解题方法全书(高中版)下卷(二)	2007—09	38.00	18
新编中学数学解题方法全书(高中版)下卷(三)	2010—06	58.00	73
新编中学数学解题方法全书(初中版)上卷	2008—01	28.00	29
新编中学数学解题方法全书(初中版)中卷	2010—07	38.00	75
新编平面解析几何解题方法全书(专题讲座卷)	2010—01	18.00	61
数学眼光透视	2008—01	38.00	24
数学思想领悟	2008—01	38.00	25
数学应用展观	2008—01	38.00	26
数学建模导引	2008—01	28.00	23
数学方法溯源	2008—01	38.00	27
数学史话览胜	2008—01	28.00	28
从毕达哥拉斯到怀尔斯	2007—10	48.00	9
从迪利克雷到维斯卡尔迪	2008—01	48.00	21
从哥德巴赫到陈景润	2008—05	98.00	35
从庞加莱到佩雷尔曼	2011—08	138.00	136
从比勃巴赫到德·布朗斯	即将出版		
数学解题中的物理方法	2011—06	28.00	114
数学解题的特殊方法	2011—06	48.00	115
中学数学计算技巧	2012—01	48.00	116
中学数学证明方法	2012—01	58.00	117
数学趣题巧解	2012—03	28.00	128
数学奥林匹克与数学文化(第一辑)	2006—05	48.00	4
数学奥林匹克与数学文化(第二辑)(竞赛卷)	2008—01	48.00	19
数学奥林匹克与数学文化(第二辑)(文化卷)	2008—07	58.00	34
数学奥林匹克与数学文化(第三辑)(竞赛卷)	2010—01	48.00	59
数学奥林匹克与数学文化(第四辑)(竞赛卷)	2011—08	58.00	87

哈尔滨工业大学出版社刘培杰数学工作室
已出版(即将出版)图书目录

书　名	出版时间	定　价	编号
发展空间想象力	2010—01	38.00	57
走向国际数学奥林匹克的平面几何试题诠释(上、下)(第1版)	2007—01	68.00	11,12
走向国际数学奥林匹克的平面几何试题诠释(上、下)(第2版)	2010—02	98.00	63,64
平面几何证明方法全书	2007—08	35.00	1
平面几何证明方法全书习题解答(第1版)	2005—10	18.00	2
平面几何证明方法全书习题解答(第2版)	2006—12	18.00	10
最新世界各国数学奥林匹克中的平面几何试题	2007—09	38.00	14
数学竞赛平面几何典型题及新颖解	2010—07	48.00	74
初等数学复习及研究(平面几何)	2008—09	58.00	38
初等数学复习及研究(立体几何)	2010—06	38.00	71
初等数学复习及研究(平面几何)习题解答	2009—01	48.00	42
世界著名平面几何经典著作钩沉——几何作图专题卷(上)	2009—06	48.00	49
世界著名平面几何经典著作钩沉——几何作图专题卷(下)	2011—01	88.00	80
世界著名平面几何经典著作钩沉(民国平面几何老课本)	2011—03	38.00	113
世界著名数论经典著作钩沉(算术卷)	2012—01	28.00	125
世界著名数学经典著作钩沉——立体几何卷	2011—02	28.00	88
世界著名三角学经典著作钩沉(平面三角卷Ⅰ)	2010—06	28.00	69
世界著名三角学经典著作钩沉(平面三角卷Ⅱ)	2011—01	28.00	78
世界著名初等数论经典著作钩沉(理论和实用算术卷)	2011—07	38.00	126
几何学教程(平面几何卷)	2011—03	68.00	90
几何学教程(立体几何卷)	2011—07	68.00	130
几何变换与几何证题	2010—06	88.00	70
几何瑰宝——平面几何500名题暨1000条定理(上、下)	2010—07	138.00	76,77
三角形的解法与应用	2012—07	18.00	183
近代的三角形几何学	2012—07	48.00	184
一般折线几何学	即将出版	58.00	203
三角形的五心	2009—06	28.00	51
三角形趣谈	2012—08	28.00	212
俄罗斯平面几何问题集	2009—08	88.00	55
俄罗斯平面几何5000题	2011—03	58.00	89
计算方法与几何证题	2011—06	28.00	129
463个俄罗斯几何老问题	2012—01	28.00	152
近代欧氏几何学	2012—03	48.00	162
罗巴切夫斯基几何学及几何基础概要	2012—07	28.00	188

哈尔滨工业大学出版社刘培杰数学工作室
已出版(即将出版)图书目录

书 名	出版时间	定 价	编号
超越吉米多维奇——数列的极限	2009—11	48.00	58
Barban Davenport Halberstam 均值和	2009—01	40.00	33
初等数论难题集(第一卷)	2009—05	68.00	44
初等数论难题集(第二卷)(上、下)	2011—02	128.00	82,83
谈谈素数	2011—03	18.00	91
平方和	2011—03	18.00	92
数论概貌	2011—03	18.00	93
代数数论	2011—03	48.00	94
初等数论的知识与问题	2011—02	28.00	95
超越数论基础	2011—03	28.00	96
数论初等教程	2011—03	28.00	97
数论基础	2011—03	18.00	98
数论入门	2011—03	38.00	99
数论开篇	2012—07	28.00	194
解析数论引论	2011—03	48.00	100
基础数论	2011—03	28.00	101
超越数	2011—03	18.00	109
三角和方法	2011—03	18.00	112
谈谈不定方程	2011—05	28.00	119
整数论	2011—05	38.00	120
初等数论 100 例	2011—05	18.00	122
初等数论经典例题	2012—07	18.00	204
最新世界各国数学奥林匹克中的初等数论试题(上、下)	2012—01	138.00	144,145
算术探索	2011—12	158.00	148
初等数论(Ⅰ)	2012—01	18.00	156
初等数论(Ⅱ)	2012—01	18.00	157
初等数论(Ⅲ)	2012—01	28.00	158
组合数学浅谈	2012—03	28.00	159
同余理论	2012—05	38.00	163
丢番图方程引论	2012—03	48.00	172

哈尔滨工业大学出版社刘培杰数学工作室
已出版(即将出版)图书目录

书　名	出版时间	定　价	编号
历届 IMO 试题集(1959—2005)	2006—05	58.00	5
历届 CMO 试题集	2008—09	28.00	40
历届加拿大数学奥林匹克试题集	即将出版		
历届美国数学奥林匹克试题集:多解推广加强	2012—08	38.00	209
历届国际大学生数学竞赛试题集(1994—2010)	2012—01	28.00	143
全国大学生数学夏令营数学竞赛试题及解答	2007—03	28.00	15
全国大学生数学竞赛辅导教程	2012—07	28.00	189
历届美国大学生数学竞赛试题集	2009—03	88.00	43
前苏联大学生数学竞赛试题及解答(上)	2012—04	28.00	169
前苏联大学生数学竞赛试题及解答(下)	2012—04	38.00	170
整函数	2012—08	18.00	161
俄罗斯初等数学问题集	2012—05	38.00	177
俄罗斯函数问题集	2011—03	38.00	103
俄罗斯组合分析问题集	2011—01	48.00	79
博弈论精粹	2008—03	58.00	30
多项式和无理数	2008—01	68.00	22
模糊数据统计学	2008—03	48.00	31
受控理论与解析不等式	2012—05	78.00	165
解析不等式新论	2009—06	68.00	48
反问题的计算方法及应用	2011—11	28.00	147
建立不等式的方法	2011—03	98.00	104
数学奥林匹克不等式研究	2009—08	68.00	56
不等式研究(第二辑)	2012—02	68.00	153
初等数学研究(Ⅰ)	2008—09	68.00	37
初等数学研究(Ⅱ)(上、下)	2009—05	118.00	46,47
中国初等数学研究　2009卷(第1辑)	2009—05	20.00	45
中国初等数学研究　2010卷(第2辑)	2010—05	30.00	68
中国初等数学研究　2011卷(第3辑)	2011—07	60.00	127
中国初等数学研究　2012卷(第4辑)	2012—07	48.00	190
数阵及其应用	2012—02	28.00	164
绝对值方程—折边与组合图形的解析研究	2012—07	48.00	186
不等式的秘密(第一卷)	2012—02	28.00	154
初等不等式的证明方法	2010—06	38.00	123
数学奥林匹克不等式散论	2010—06	38.00	124
数学奥林匹克不等式欣赏	2011—09	38.00	138
数学奥林匹克超级题库(初中卷上)	2010—01	58.00	66
数学奥林匹克不等式证明方法和技巧(上、下)	2011—08	158.00	134,135

哈尔滨工业大学出版社刘培杰数学工作室
已出版(即将出版)图书目录

书　名	出版时间	定　价	编号
500个最新世界著名数学智力趣题	2008-06	48.00	3
400个最新世界著名数学最值问题	2008-09	48.00	36
500个世界著名数学征解问题	2009-06	48.00	52
400个中国最佳初等数学征解老问题	2010-01	48.00	60
500个俄罗斯数学经典老题	2011-01	28.00	81
1000个国外中学物理好题	2012-04	48.00	174
300个日本高考数学题	2012-05	38.00	142
500个前苏联早期高考数学试题及解答	2012-05	28.00	185
数学 我爱你	2008-01	28.00	20
精神的圣徒　别样的人生——60位中国数学家成长的历程	2008-09	48.00	39
数学史概论	2009-06	78.00	50
斐波那契数列	2010-02	28.00	65
数学拼盘和斐波那契魔方	2010-07	38.00	72
斐波那契数列欣赏	2011-01	28.00	160
数学的创造	2011-02	48.00	85
数学中的美	2011-02	38.00	84
最新全国及各省市高考数学试卷解法研究及点拨评析	2009-02	38.00	41
高考数学的理论与实践	2009-08	38.00	53
中考数学专题总复习	2007-04	28.00	6
向量法巧解数学高考题	2009-08	28.00	54
新编中学数学解题方法全书(高考复习卷)	2010-01	48.00	67
新编中学数学解题方法全书(高考真题卷)	2010-01	38.00	62
新编中学数学解题方法全书(高考精华卷)	2011-03	68.00	118
高考数学核心题型解题方法与技巧	2010-01	28.00	86
数学解题——靠数学思想给力(上)	2011-07	38.00	131
数学解题——靠数学思想给力(中)	2011-07	48.00	132
数学解题——靠数学思想给力(下)	2011-07	38.00	133
2011年全国及各省市高考数学试题审题要津与解法研究	2011-10	48.00	139
新课标高考数学——五年试题分章详解(2007~2011)(上、下)	2011-10	78.00	140,141
30分钟拿下高考数学选择题、填空题	2012-01	48.00	146
高考数学压轴题解题诀窍(上)	2012-02	78.00	166
高考数学压轴题解题诀窍(下)	2012-03	28.00	167

哈尔滨工业大学出版社刘培杰数学工作室
已出版（即将出版）图书目录

书　　名	出版时间	定　价	编号
格点和面积	2012—07	18.00	191
射影几何趣谈	2012—04	28.00	175
斯潘纳尔引理——从一道加拿大数学奥林匹克试题谈起	即将出版		
李普希兹条件——从几道近年高考数学试题谈起	即将出版		
拉格朗日中值定理——从一道北京高考试题的解法谈起	2012—08	18.00	197
闵科夫斯基定理——从一道清华大学自主招生试题谈起	2012—08	18.00	198
哈尔测度——从一道冬令营试题的背景谈起	2012—08	28.00	202
切比雪夫逼近问题——从一道中国台北数学奥林匹克试题谈起	即将出版		
伯恩斯坦多项式与贝齐尔曲面——从一道全国高中数学联赛试题谈起	即将出版		
卡塔兰猜想——从一道普特南竞赛试题谈起	即将出版		
麦卡锡函数和阿克曼函数——从一道前南斯拉夫数学奥林匹克试题谈起	2012—07	18.00	201
贝蒂定理与拉姆贝克莫斯尔定理——从一个拣石子游戏谈起	即将出版		
皮亚诺曲线和豪斯道夫分球定理——从无限集谈起	2012—08	18.00	211
平面凸图形与凸多面体	即将出版		
斯坦因豪斯问题——从一道二十五省市自治区中学数学竞赛试题谈起	2012—07	18.00	196
纽结理论中的亚历山大多项式与琼斯多项式——从一道北京市高一数学竞赛试题谈起	2012—07	28.00	195
原则与策略——从波利亚"解题表"谈起	即将出版		
转化与化归——从三大尺规作图不能问题谈起	即将出版		
代数几何中的贝祖定理——从一道IMO试题的解法谈起	2012—07	18.00	193
成功连贯理论与约当块理论——从一道比利时数学竞赛试题谈起	2012—04	18.00	180
磨光变换与范•德•瓦尔登猜想——从一道环球城市竞赛试题谈起	即将出版		
素数判定与大数分解	2012—08	18.00	199
置换多项式及其应用	即将出版		
许瓦兹引理——从一道西德1981年数学奥林匹克试题谈起	即将出版		

哈尔滨工业大学出版社刘培杰数学工作室
已出版(即将出版)图书目录

书　名	出版时间	定　价	编号
椭圆函数与模函数——从一道美国加州大学洛杉矶分校(UCLA)博士资格考试谈起	即将出版		
差分方程的拉格朗日方法——从一道2011年全国高考理科试题的解法谈起	即将出版	28.00	200
拉姆塞定理——从王诗宬院士的一个问题谈起	即将出版		
力学在几何中的一些应用	即将出版		
高斯散度定理、斯托克斯定理和平面格林定理——从一道国际大学生数学竞赛试题谈起	即将出版		
康托洛维奇不等式——从一道全国高中联赛试题谈起	即将出版		
西格尔引理——从一道第18届IMO试题的解法谈起	即将出版		
罗斯定理——从一道前苏联数学竞赛试题谈起	即将出版		
拉克斯定理和阿廷定理——从一道IMO试题的解法谈起	即将出版		
毕卡大定理——从一道美国大学数学竞赛试题谈起	即将出版		
贝齐尔曲线——从一道全国高中联赛试题谈起	即将出版		
拉格朗日乘子定理——从一道2005年全国高中联赛试题谈起	即将出版		
雅可比定理——从一道2005年全国高中联赛试题谈起	即将出版		
李天岩-约克定理——从一道波兰数学竞赛试题谈起	即将出版		
整系数多项式因式分解的一般方法——从克朗耐克算法谈起	即将出版		
布劳维不动点定理——从一道美国数学奥林匹克试题谈起	即将出版		
压缩不动点定理——从一道高考数学试题的解法谈起	即将出版		
伯恩赛德定理——从一道英国数学奥林匹克试题谈起	即将出版		
布查特-莫斯特定理——从一道上海市初中竞赛试题谈起	即将出版		
数论中的同余数问题——从一道普特南竞赛试题谈起	即将出版		
范·德蒙行列式——从一道美国数学奥林匹克试题谈起	即将出版		
中国剩余定理——从一道美国数学奥林匹克试题的解法谈起	即将出版		
牛顿程序与方程求根——从一道全国高考试题解法谈起	即将出版		
库默尔定理——从一道IMO预选试题谈起	即将出版		
卢丁定理——从一道冬令营试题的解法谈起	即将出版		
沃斯滕霍姆定理——从一道IMO预选试题谈起	即将出版		
卡尔松不等式——从一道莫斯科数学奥林匹克试题谈起	即将出版		
信息论中的香农熵——从一道近年高考压轴题谈起	即将出版		
约当不等式——从一道希望杯竞赛试题谈起	即将出版		
拉比诺维奇定理	即将出版		
刘维尔定理——从一道《美国数学月刊》征解问题的解法谈起	即将出版		

哈尔滨工业大学出版社刘培杰数学工作室
已出版(即将出版)图书目录

书　名	出版时间	定　价	编号
卡塔兰恒等式与级数求和——从一道IMO试题的解法谈起	即将出版		
勒让德猜想与素数分布——从一道爱尔兰竞赛试题谈起	即将出版		
天平称重与信息论——从一道基辅市数学奥林匹克试题谈起	即将出版		
艾思特曼定理——从一道CMO试题的解法谈起	即将出版		
一个爱尔特希问题——从一道西德数学奥林匹克试题谈起	即将出版		
有限群中的爱丁格尔问题——从一道北京市初中二年级数学竞赛试题谈起	即将出版		
贝克码与编码理论——从一道全国高中联赛试题谈起	即将出版		
中等数学英语阅读文选	2006—12	38.00	13
统计学专业英语	2007—03	28.00	16
统计学专业英语(第二版)	2012—07	48.00	193
幻方和魔方(第一卷)	2012—05	68.00	173
尘封的经典——初等数学经典文献选读(第一卷)	2012—07	48.00	205
尘封的经典——初等数学经典文献选读(第二卷)	2012—07	38.00	206
实变函数论	2012—06	78.00	181
初等微分拓扑学	2012—07	18.00	182
方程式论	2011—03	38.00	105
初级方程式论	2011—03	28.00	106
Galois 理论	2011—03	18.00	107
代数方程的根式解及伽罗瓦理论	2011—03	28.00	108
线性偏微分方程讲义	2011—03	18.00	110
N体问题的周期解	2011—03	28.00	111
代数方程式论	2011—05	28.00	121
动力系统的不变量与函数方程	2011—07	48.00	137
基于短语评价的翻译知识获取	2012—02	48.00	168
应用随机过程	2012—04	48.00	187
闵嗣鹤文集	2011—03	98.00	102
吴从炘数学活动三十年(1951～1980)	2010—07	99.00	32
吴振奎高等数学解题真经(概率统计卷)	2012—01	38.00	149
吴振奎高等数学解题真经(微积分卷)	2012—01	68.00	150
吴振奎高等数学解题真经(线性代数卷)	2012—01	58.00	151
钱昌本教你快乐学数学(上)	2011—12	48.00	155
钱昌本教你快乐学数学(下)	2012—03	58.00	171

联系地址：哈尔滨市南岗区复华四道街10号　哈尔滨工业大学出版社刘培杰数学工作室
网　　址：http://lpj.hit.edu.cn/
邮　　编：150006
联系电话：0451—86281378　　13904613167
E-mail：lpj1378@yahoo.com.cn